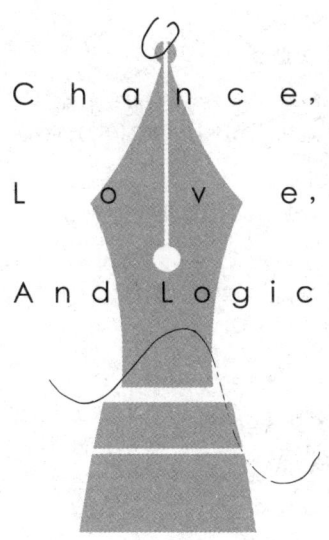

Chance,
Love,
And Logic

如何形成清晰的观点

[美] 查尔斯·S. 皮尔士 著　韩露 译

天地出版社 | TIANDI PRESS

图书在版编目（CIP）数据

如何形成清晰的观点/（美）查尔斯·S.皮尔士著；韩露译.—成都：天地出版社，2019.11（2024年3月重印）
ISBN 978-7-5455-4992-8

Ⅰ.①如… Ⅱ.①查…②韩… Ⅲ.①思维科学–研究 Ⅳ.①B80

中国版本图书馆CIP数据核字（2019）第124103号

RUHE XINGCHENG QINGXI DE GUANDIAN
如何形成清晰的观点

出品人	杨 政
作 者	[美] 查尔斯·S.皮尔士
译 者	韩 露
责任编辑	杨永龙　曹志杰
封面设计	今亮后声
内文排版	胡凤翼
责任印制	王学锋

出版发行	天地出版社
	（成都市锦江区三色路238号　邮政编码：610023）
	（北京市方庄芳群园3区3号　邮政编码：100078）
网　　址	http://www.tiandiph.com
电子邮箱	tianditg@163.com
经　　销	新华文轩出版传媒股份有限公司

印　　刷	天津光之彩印刷有限公司
版　　次	2019年11月第1版
印　　次	2024年3月第12次印刷
开　　本	880mm×1230mm　1/32
印　　张	10
字　　数	199千字
定　　价	48.00元
书　　号	ISBN 978-7-5455-4992-8

版权所有◆违者必究

咨询电话：(028) 86361282（总编室）
购书热线：(010) 67693207（营销中心）

如有印装错误，请与本社联系调换。

前 言

本书集合了查尔斯·桑德斯·皮尔士现有的最完善、最连贯的哲学论述。詹姆斯、罗伊斯、杜威和英、法、德、意等国的多位著名思想家都将查尔斯·桑德斯·皮尔士视为当代最伟大的头脑之一。他的思想极具原创性，汪洋恣肆，自有其内在价值，而且他是少有的受过严格精确科学训练、熟悉前沿科学的哲学家。除此之外，他还是当时诸多美国哲学思想的源头。由于这层历史意义，所以我们没有对文本做任何删改，只是订正了明显的笔误，并从可读性角度出发调整了个别词句。

书中到处都有似乎应当加以注释的疑难词句或隐含背景，我们真的是手痒。但是，要是加了注释，本书的体量轻轻松松就会增加一倍，因此我只加了少数脚注。导语旨在帮助读者对全书脉络有一个把握，并没有充分涵盖原文的要旨。詹姆斯、罗伊斯等先贤大哲都从中受益颇丰，我更是坚信——皮尔士在当下依然是一座思想的富矿。文末附有杜威教授的一篇演讲稿，点明了皮尔士对形而上学——实在的本质——的根本问题的价值。

  本书第二部分原载于《一元论者》杂志，感谢保罗·卡鲁斯夫人和 Open Court 出版公司给予我们重印的权利。感谢已经逝世的保罗·卡鲁斯先生，他是少数不仅出版皮尔士著作，而且公开承认其作品价值的人士之一。

  我还要感谢杜威教授，他允许我重印原载于《哲学期刊》的他的文章《皮尔士的实用主义》一文；感谢该期刊的编辑伍德布里奇教授和布什教授，他们允许重印之前他们编辑的部分内容。是大家的共同努力让本书得以成功出版，在此一并向大家表示感谢。

莫里斯·R. 科恩

写于纽约城市学院

导　语

哲学家可谓千差万别。首先有热衷于建构哲学体系的大师们，他们要建造通往月球的巍巍高塔。他们有一群弟子门生，有的将大师晦涩的思想通俗化，有的则以装点门面为能事。一些人确实忙着添砖加瓦，查漏补缺，但更多的人却忙于应付涌来的批评者，捍卫思想大厦。是人就有缺陷，何况是新生事物，而这些批评者们总是赶不及似的想来踩上一脚。另一类是文献学家，他们是学究，不仅要挖掘事实或思想根源，还要研究既能用来建设也能用来毁灭的思想石料。但是，还有一批人与上面两类人截然不同，他们是思想的游侠，喜欢探寻新领域，喜欢进入现有学问的小天地之外的浓密丛林。他们不是怪人，而是孤独的先驱。在探险的过程中，他们往往会完全脱离前人的路径；探险归来后，他们经常会说一些奇怪的话，或者用奇怪的方式来说话。别人也不总是信服他们，或跟着他们改弦更张。

时至今日，已很少有人会质疑这些思想先驱的伟大价值。人们经常会说，大学的意义就是扶助他们、存续他们。但是，与其他管理严格的机构一样，大学只适合勤奋耕耘者。于是，躁动不安的思想家便被排除在外，就像不遵从社会规范的人一样，而不管他们的思想有多么高的原创性。查尔斯·S.皮尔士兼有躁动的灵魂与原创的天赋，当之无愧是思想先驱者中的一员。通过他早期发表在《思辨哲学杂志》（*Journal of Speculative Philosophy*）以及后期发表在《一元论者》（收录于本书第二部分）中的著作，我们能够一瞥他力图用惊人丰富的材料与资源建构的宏伟哲学体系。他不仅想象力丰富，博闻强识，更具有成功的体系建构者的最重要的天赋之一——新创一套恰如其分又直击人心的术语。他自己也承认，这些文字只是初步的框架，并不完整。至于其原因，不全是他给自己的使命太艰巨，也不全是贫穷、不受重视等外部因素。他对道德、惯例都有一股子超然物外的劲头，所以除了在约翰·霍普金斯大学的几年以外，他从来没有进入大学体系。由此可见，皮尔士骨子里就有一种不安分、缺乏自我掌控的气质，这也让他失去了按部就班写作的动力，更不顾及读者能不能看懂，而这些正是他最需要的。随着年岁渐长，皮尔士既没有引起大众对他早年逻辑学研究的兴趣，也没有赢得社会的认可，于是写作越发零散晦涩。詹姆斯是皮尔士早年的思想伙伴，可连他也这样形容皮尔士关于实用主义的讲座："在古奥文风中闪烁着智慧的点点光芒。"詹姆斯固然对形式逻辑和数学兴趣不大,了解不深,但这段评论还是很能说明一些问题的。

虽然已有种种局限,但皮尔士仍然享有"现代科学逻辑之父"的盛名。在其他哲学领域,他的某些尚不成熟的思想后来也被发扬光大,包括詹姆斯的实用主义与激进实证主义、罗伊斯的数学理念论,以及新实在论运动中的反唯名论思想。无论如何,通过詹姆斯、罗伊斯、罗素和施罗德等逻辑学家们的作品,我们能够比皮尔士同时代的人更好地认识到他的重要性。

一

不管是从家学、教育还是工作来看,皮尔士都是一名科学家。他的父亲是哈佛大学的著名数学家本杰明·皮尔士(Benjamin Peirce)。他童年的成长环境、在劳伦斯科学学院就读的经历,都足以证明他宣称的"自己是在实验室里泡大的"绝非虚言。除数理逻辑,他在天文测光、测地学、心理物理学、文献学方面均有所建树。皮尔士在测地学领域用力多年,对钟摆问题的研究成果一经问世,马上就得到了欧洲同行的认可。皮尔士是国际测地学大会的第一位美国代表。该会对他的文章给予了高度重视,塞莱里耶、普兰塔摩尔等人都承认受到了他的启发。

针对皮尔士的概率哲学而言，包括钟摆研究在内的精确测量研究，以及对概然误差的相关研究似乎都发挥了决定性的影响。不熟悉实践中科学测量的哲学家可能会天真地认为，"物质粒子间引力大小等于质量之积除以距离的平方""水中的氢氧元素质量之比为1∶8"等命题都是绝对真理。但是，真正用精密仪器来测量过自然现象的人都明白，自然绝非这么简单、恒定。每个实验员都知道，两个实验员分别测量，一个实验员多次测量，得到的结果都不会完全相同。科学也有过一段富有英雄气概的年代，当时的人可不会有这种疑难。他们笃信柏拉图式的信念：自然是由简单的几何线条创造出来的，一切误差都是由于观察者犯了错，或者仪器不够精确。不管在当年还是今天，这种气概都是科学研究最强大的动力之一，同时抵御着超自然迷信的渗入。但是，现在已经很少有人赞同它的绝对形式了；而且，我们也没有确凿证据能表明，不管观察者和测量仪器如何变化，观察对象本身绝不会偏离简单的自然法则一丝一毫。毫无疑问，随着操作研究仪器越来越熟练，人为"误差"的范围会显著缩小，但是，就算技能再精熟，仪器再精密，我们也不可能完全消除不规律的测量结果差异，虽然可能差得非常微小。"只要试图去验证任何自然法则，你就能发现，

导 语

你的观察越精确，就越能确定它们将显示出违背法则的不规则性。"[1] 从实证材料来看，我们当然可以说：所谓的自然常量其实是在极限上下波动，只不过在某些目的下，这些变动可以忽略。不仅如此，只有在研究大量粒子的活动时，我们才会趋近常量；随着样本量的增大，社会学统计也会趋近恒定的比率。于是，皮尔士虽然并未否认纯粹的观察误差，但同时认为："所以，我们必须假设，许多小的不相符之所以存在，就是因为定律本身说服力不足，以及任何公式与事实都有偏差。"[2]

怀疑绝对自然规律，往往会与呼吁自由、鼓吹神迹的感性话语联系在一起。因此，我们要强调一点：皮尔士的批评完全是为了逻辑的精确，为了理性地描述物理世界。作为一名思维严谨的逻辑学家，一名熟知各种自然定律的实际探究过程的科学家，他绝不承认经验能够证明自然定律的绝对性。一切已知的自然定律，比如波义耳定律和重力法则，都对实际现象做了高度的简化，因而对现实的描述其实并不精确。但是，针对"自然定律是绝对的、不变的"这一传统假设，还可以从正面角度去反驳，即这种假设让宇宙的规律性成了基本公理，于是就不用解释这种规律性何以可能、又是怎样形成的了。但是，

1　参见本书正文第 176 页。
2　参见本书正文第 152 页。

一般来说，规律性的出现恰恰是需要解释的对象。此外，近代统计力学和热动力学（气体理论、熵论等）表明，宇宙的规律性是逐渐演变的过程；整个自然界就是从繁多的混沌向同一性，也就是熵值最大演变的过程。19世纪著名物理学家波茨曼曾指出，整个自然界的历程就好比把一堆东西逐渐摇匀。自邓斯·司各脱以来，逻辑学家就已经明白，每个实体都有唯一属于自己的性质，即"此性"（haecceitas 或 thisness），它既不能解释也不能从普遍性中推导出来。例如，研究月球运动轨迹时，我们就必须将具体事物视为先在的。皮尔士的"机会"指的就是这种原初的、非衍生的个体性或繁多性，就此而论，机会是先于法则的。

形象一些的话，我们不妨假定，一切事物都有养成习惯的微小倾向，这种倾向本身也是偶然波动形成的习惯。这样的话，我们就可以去解释自然界中实际有的、有限度的统一性是如何演化、如何存在的了。

乍听上去，上述内容不免有些神秘色彩。即便如此，它依然是机械论神话的一种理性替代品。这种神话认为，宇宙中的一切原子从诞生起到如今都没有任何变化。于是，实实在在的自发、新生现象便都被视为虚幻的，没有真实性。

机会或偶然在先的学说，自然会意味着心智在先。正如法则是偶然的习惯，物质也只不过是失去活性的心智。心智的第一法则是：观念会不断散播开来，普遍性、包容性不断增强，群体中的人们就是这样形成普遍观念的。这种感受的持续外扩过程会变成抚育之爱，如父母之于子女、思想家之于思想，创生演化由此而生。

詹姆斯与乔伊斯都强调，皮尔士的偶成－神爱（tychistic-agapism）学说与柏格森的创生演化存在相似性。但是，虽然两人的目标都是将生命、生产带回到事物本质的论述之中，但我认为皮尔士的思想有着显著的优势，因为它与现代物理学的联系更紧密。很大程度上，柏格森的思想建立在机械论无法解释某些事实之上，比如脊椎动物与扇贝两者的眼部结构被认为是相同的。但是，此处的事实只是现象相似而已，用趋同演化的机械定律就可以解释。皮尔士则并不反对机械论解释的可能性。实际上，通过将偶然性引入机械定律，他能够提出一种更积极的、启发性很强的原生质理论，解释习惯与可塑性的事实。[1] 与假定多样性会不断提高的斯宾塞和柏格森不同，皮尔士认为多样性和统一性可以同时提高。斯宾塞机械论哲学将一切多样性都归约为空间差异。于是，真正的新事物是不存在

---

[1] 参见本书正文第235—238页。

的，只有新的形式、新的组合会随着时间而产生。柏格森的创生演化固然旨在鼓吹自发性，但与斯宾塞哲学一样，也假定所有演化都是从简单到复杂进行的。皮尔士则认为，事物的初始禀赋中就可能存在多样性和特殊性，这些性质随着时间演变有的可能会增加，有的可能会减少。心智既可以养成习惯，也可能丢失习惯。于是，演化既可能让事物更加多样，也可能让事物更加统一。

与柏格森相比，皮尔士对待现实中的多样性、自发性要更加严肃。而且，他比任何一位现代哲学家都能更好地解释世界中的秩序与和谐；这是通过将中世纪的共相实在论与现代科学的连续性观念联合起来而实现的。人类思想史上有一场大悲剧：现代科学先驱与坚持形式实在性的经院哲学家之间的冲突，这是因为这场不幸的论战将绝对原子论和唯名论推上了物理学的神坛。极端唯名论认为，现实完全是由个别对象组成的，没有为自然法则的真实性留下任何空间。正如休谟勇敢承认的那样，按照这种观点，现在绝不能确定未来，实际上，一切事件的发生都成为不可能。幸好，现代数学和自然科学坚持使用连续性法则，从而将我们从混沌的世界中解救了出来。凭借对邓斯·司各脱与现代科学的深入研究，皮尔士比任何人都更清晰地阐明了这一点。

导 语

此处将皮尔士与詹姆斯的思想做比较对理解或许有所帮助。詹姆斯直言，皮尔士对他的实用主义哲学和激进实证主义都有启发。激进实证主义的目标是，将经验的连续性和流动性从经典英国唯名实证主义中解救出来，后者将万事万物都归约到若干互斥的心理状态上。奇怪的是，虽然詹姆斯在心理学中大量应用连续性法则，但到了哲学上却脱不开英国唯名论的影响，比如他的社会理论（极端个人主义）和宗教哲学（极端拟人论）。在社会意识理论和关于社群本质的学说中，罗伊斯发展了皮尔士在社会理论中应用连续性原则的观点，但是可提升的空间还很大。在这里，我们只能再说一遍皮尔士自己的希冀："希望将来的学者会重温这些观点，并为世界贡献新的成就。"

但是，值得注意的是，皮尔士在发表了收录于本书的文章之后，仍然在研究其中提出的问题，最重要的就是他为鲍德温主编的哲学词典编写的逻辑学词条。[1]

这些词条自然为偶成论（tychism）、连续论（synechism）、神爱论（agapism）加入了逻辑学的意味。用康德的术语来说——皮尔士自己也会使用类似的话语——这些原理的规定性

---

[1] 多年来，皮尔士一直在撰写一部逻辑学巨著，这些词条即为其副产品或片段。罗伊斯宣称，这部著作是美国有史以来最伟大的思想学术成就。该书已完成的部分与其他未刊行手稿共同收录于现由哈佛大学编修的《皮尔士全集》（Peirce's Writings）。

内容而非构成性内容是主要的。因此，他的机会学说，或者叫偶然学说，不只是詹姆斯激进实证主义中超脱于"铁板一块的宇宙"的盲目必然性的东西，更为自然定律的发生学解释和概率论解释打开了大门。须知，概率论在自然科学和日常生活中都是极其有用的。他的神爱学说也不只是宇宙论，仅限于说明偶然的感觉如何通过普遍性、连续性的习惯产生秩序，或者说理性的多样性；更是对"真"这个概念给出了一种社会意义上的阐释，即检验一个命题是否为真，便假定了存在无数彼此合作的探究者。神爱学说还有逻辑学的一面。它承认了一个重要的事实，即普遍观念蕴含着一种吸引力，让我们不禁想去揣摩它的性质，虽然只有在详究其各种可能后果之后，我们才能清楚、准确地明白其含义。

关于连续性学说，皮尔士明确地告诉我们："连续论不是终极的、绝对的形而上学理论，而是逻辑学的规定性法则。"[1] 也就是说，要在各种各样的情况中寻找同一性的线索，而不要假定什么东西都是终极的，即无法解释的（举几个此类假定的例子：存在绝对精确、绝对普遍的自然法则；一切原子都是永恒的、绝对相似的，等等）。诚然，连续论者不会否认终极

---

[1] 参见《鲍德温哲学词典》（*Baldwin's Dictionary*）中的"连续论"词条。

的、无法解释的事物存在，因为这是能够直接被感受到的。但是，他不能用它来解释其他事物。假定不可解释的事物对科学是一种阻碍。"只有在普遍性的形式下，我们才能够理解事物；而普遍性就是连续性本身。"[1]他坚持认为，可理解的形式一定是普遍的，而这与强调个体的实在性是完全相容的。一位苏格兰实在论哲学家认为，个体的实在性隐含着意志或反意志的因素。但是，在逻辑推理的过程中，个体的实在性的意思是，要想检验命题的真假，我们就要诉诸个别的感知。[2]但是，个体数量再多，也不能完全涵盖连续的含义，后者还包括秩序是通过何种关系组织起来的。概念的完整含义不在于任何个别的反应，而要去探究这个反应在具体的、合理的认识演化过程整体中起到了什么作用。在科研中，这意味着整体观念的合理性高于个别信念的真实性，因为前者是后者的条件。

二

皮尔士的实用主义坚持连续性原则——这种原则在数学

---

[1] 参见《鲍德温哲学词典》中的"连续论"词条。
[2] 参见《鲍德温哲学辞典》中的"个体"词条："在逻辑学中，个体的同一性建立在反应的连续性上。"

和自然科学中都是一种有效的研究方法——正是他与后继者詹姆斯的区别所在。杜威撰写的附录有力地阐发了这一点。当下人们普遍忽视实用主义的源流，所以对实用主义进行历史学的初探是有益的。

毫无疑问，皮尔士对实用主义原理的表述受到了昌西·赖特的影响。赖特同样了解数学、物理学和植物学等领域前沿，并在密尔和拜恩的引导下，开始反思科学方法的特性，进而区分了斯宾塞式的科学与牛顿式的科学：前者运用科学的流俗之见来建构世界神话或世界图景，后者则以科学法则为手段扩展人类对现象界的认识。重力是一种普遍现象，这早在牛顿之前就引起了形而上学家的兴趣。而牛顿的贡献之所以是科学，就在于他用数学表述了法则，并能从中推导出当时已知的太阳系的若干事实，而且能够预测许多没有数学法则就根本想不到的事实，如海王星的存在。于是，赖特认为，现代物理学与数学法则都是探究自然的工具，科学法则是事实的探测器，而非总结归纳。皮尔士实用主义哲学的起点是：所谓实验科学家，就是将普遍性命题转化为获取新实验事实的操作方法的人。皮尔士说过，"概念"的含义要去"肯定它、否定它会带来的可感知实验现象的总体"[1]中去寻找，正体现了上面所说的那种操作

---

[1] 参见《一元论者》第15卷第180页。

方法观。

　　皮尔士早年对实用主义原则的表述中[1],强调肯定、否定概念会带来某种行为上的后果。它比较接近斯多葛派的信条,即人的目的就是行动。这是他30岁时的观念,等到60岁时发生了转变。[2]自然而然地,皮尔士也不认同威廉·詹姆斯的实用主义。后者几乎与所有现代心理学家一样,是彻底的唯名论者,总是强调个别的、可感知的经验。在皮尔士看来,过分强调个别经验对连续性原理是有害的,而魏尔斯特拉斯等人早已凭借个别经验让现代数学面貌焕然一新。因此,皮尔士将自己的学说称为 pragmaticism,与之前的 pragmatism 区分开。他特意将新名称起得拗口,觉得这样就不会被别人歪曲或者庸俗化了。但是,他从来没有放弃自己的实用主义原则,即概念的含义要由可感知的实验结果来澄清,因为后者是前者的组成部分。实际上,要想澄清实用主义的概念,我们就应该用实用主义的方法来检验它。接受它会有什么效果呢?显然,效果就是发展出某些看待事物的习惯或者普遍观念。

　　因此,皮尔士的实用主义对知识发展是很有利的。概念

---

[1] 参见本书正文第40—42页。
[2] "宣称我们只是为了行动而活,这无异于说理性意图根本不存在。"参见《一元论者》第15卷第175页。

也好，命题也好，它们的含义不在于不可解释的直觉，而在于阐明直觉的影响。实用主义承认思维并不构成现实。除却行动或直接感受，范畴没有实存。但是，尽管如此，思维仍然是现实的一个本质素材；思维是"相继的感官体验中间的旋律"。在皮尔士看来，实用主义要界定的是理性意图，而非感官性质。实用主义对观念具体会引发什么欲望或执念不感兴趣，而只对观念对行动的指导功能感兴趣。实际上，在法律诉讼中，被告是否要交罚款可能会取决于亚里士多德逻辑的某个术语，比如"近因"。

有趣的是，虽然皮尔士是达尔文方法的热烈拥护者，但是出于科学家的审慎，他拒绝将生物学里的自然选择类比到观念领域，而近年来，许多人正是一股脑儿地、不加批判地这样做的。按照自然选择，直接对物种延续有利的观念似乎应当脱颖而出。但是，沉浸于符合自己心意的幻觉会带来快乐，它可能会压倒幻觉的虚假性带来的不便。于是，雄辩滔滔可能会长期压倒科学证据。

三

皮尔士喜欢自称为逻辑学家，而他在逻辑学研究方面的贡献正是他最广受推崇的原因。为了恰当地看待这些贡献，我们首先要认识到一点：虽然逻辑学是哲学中少有的、从未断绝的一个分支，但康德依然提出，逻辑学自亚里士多德时代以来从没有过实质性进展。原因在于，亚氏逻辑是分类的逻辑，建立在他的动物学方法上；由于分类是一切理性研究都少不了的，所以亚氏逻辑仍然有其合理性。但是，在描述自然科学中采用的数学方法时，如果还是用亚氏逻辑去套，那就只会被绕进去，而它作为实用方法的价值也几乎为零。通过亚氏逻辑，我们可以从两个前提中推出一个结论。但是，现代数学从少数前提——如数的本质——推出的定理数量实在是太多了。为了适应近代以来更加复杂的数学，我们需要一种新的逻辑学，即推理理论；就像亚氏逻辑适应简单的动物分类学一样。为了做到这一点，我们不仅需要构建逻辑系统的天才，更需要这样的天才熟知各门现代科学。这种结合是非常罕见的，因为科学家的主要兴趣点是具体内容，科学家对科学方法的批判性反思未必擅长。因此，庞加莱等科学家在描述自己的工作时，又会不加批判地落入当年学到的传统逻辑的窠臼。此外，"在过去的三个世纪里，思维运用的地点是实验室，是实地，是各种直接面对事实的地方；而逻辑学仍然呼吸着神学院的空气"[1]。莱布

---

1 参见《鲍德温哲学辞典》中的"方法"词条。

尼茨倒是有这个能力,但是他俗务缠身,因而只有一些零散的成果,在其他领域也是如此。直到19世纪中期,数学家布尔和德摩根才为更普遍的逻辑学奠定了基础。布尔发展出了一种更普遍的逻辑算法,或者叫逻辑代数;德摩根则强调了三段论以外的推理,尤其是关系逻辑的重要性。皮尔士的伟大成就在于——他认识到了这两个人的潜力,并将其推广为一套普遍的科学推理理论。他的写作较为零散,所用符号也很别扭,不免掩盖了文章的重大意义。然而,现代数理逻辑不过是皮尔士相对逻辑的发展,比如罗素的《数学原理》(*Principles of Mathematics*)。

皮尔士在这一时期的作品技术性很强,此处无须赘述,有意了解者可参见刘易斯的《符号逻辑概述》(*Survey of Symbolic Logic*)。我之所以要提及上面这部作品,只是为了说明本书第一部分(《偶然与逻辑》)是有扎实的研究做基础的,并且至今仍然在发展。

固守传统哲学方法的人一贯看不起符号逻辑。他们的主要反对意见是,它只是穷究人造的语言,对阐释现实毫无指导意义。我乐于承认,坚持符号逻辑确实不利于天马行空的玄思。然而,这绝非总是坏事。缺乏耐心的人惯于得出普世性的结论,虽然不免粗疏。对于他们来说,坚持精确自然是痛苦的。而符号逻辑想要消除的正是传统哲学最大的弊病——人人大谈绝对真理，放到一起却参差不齐。之所以有这种弊病，部分原因在于，平常说话时无须明言隐含的假设或前提，于是，偏见便打着绝对必然原理的幌子溜了进来。另外，日常用语多有歧义，偷换概念便常有发生。就这样，似乎从不言自明的前提中推出了荒谬的结论。符号逻辑方法把前提和规则都摆了出来，而且使用没有歧义的专门术语，得出的结论未必如以往的哲学那样放之四海而皆准。但是，要想拯救哲学，谦虚总比妄言要强。思考现有知识以外的世界是人类的本性，但未必要通过虚妄来实现，比如那些绝对确定的教条。

然而，我们没有理由否认，更精确、更严格的表述有益于阐发新真理。自高斯和魏尔斯特拉斯以来，现代数学越来越严格，成果丰硕的同时，淘汰了之前不严格的证明，如泰勒定理。从基于直觉的欧几里德式证明转向严格的分析证明，几何学打开了广阔的天地，哲学也不免受到了影响。在过去，"无穷"或"连续"这样的概念要么让人敬畏不已，要么偶尔引发思想混乱。现在，我们却能精确地、界定清晰地运用它们，这多亏了皮尔士和罗伊斯的贡献。例如，皮尔士指出，只要将连续性概念运用到意识上，就不必假定意识必须要有起点和终点了；又如，运用类似的方法，我们也不必在开阔视域中给

"能看见"和"不能看见"之间划一条界线了。多少先验的谬误从此被清除了啊！过去有些论证的主题是时间、空间的必然无穷性（对康德等人来说是根本性的论证），上述观念对它们不啻是灭顶之灾。相对与绝对等概念曾经是虚妄哲学的核心概念，然而现在，精确的数学符号为其给出了更确切的定义，让它摇身一变为理论物理学研究的重要线索。符号逻辑还澄清了其他一些重要的真理，即普遍命题是假设性的。由此还能得出，个别事物仅从普遍事物中是推导不出来的，因为即使假设再多，没有现实资料也不能确定事实。

但是，符号逻辑对哲学同样有积极的贡献，那就是阐明符号的本质与意义的关系。长期以来，哲学家都对符号的本质漫不经心，认为它"只是"（多么重的一个词）语言的问题。但是，皮尔士在《人的玻璃本质》(*Man's Glassy Essence*)（"玻璃"，glassy，在莎士比亚笔下是"如镜子一般"的意思）中却要说明人的整个本质都是符号性的。这与他的逻辑学学说紧密相连，他认为，符号是宇宙的根本范畴（另外两个根本范畴是思维和物）。桑塔亚纳是另一位被忽视的伟大思想家。他认为，人的整个生命是与社会惯例紧密相连的，也是关系到符号的。虽然他与皮尔士没有直接联系，但是两人观点毫无二致。

自从布尔与德摩根以来，符号逻辑学家一直关心概率问题，这绝非偶然。个中缘由早由皮尔士点明。在他对概率推理问题的表述中，非真即假的古典逻辑成为概率推理的极限情况：真的概率就是"1"，假的概率就是"0"，而概率推理可以涵盖从"0"到"1"的一切情况。这种技术方法将两种之前截然二分的推理模式合而为一，正是运用连续性原理的成果。它在哲学上有着重大的意义。

古典逻辑里有大前提和小前提，却没有严格区分两者。皮尔士则区分了前提和论证规则。一切论证都是从某些具体情形推出其他具体情形，狭义的前提专指代表前者的命题。但是从前提中能推出某些结论的感觉是有条件的，即我们相信某些引导原则，前提和结论就是由这些原则联系起来的。这种信念可能是外显的，也可能是隐含的。如果一个引导原则能够从所有真前提中得出真结论，这便是经典意义上的逻辑推导。反之，如果引导原则只在部分真前提中能得出真结论，那就是概率。

在韦恩的《偶然逻辑》(*The Logic of Chance*)一文中，皮尔士提出了上述思想，即将概率归约为某类命题中真命题的相对频率。皮尔士运用它提出了若干具有重大逻辑学、哲学意义的真理。

他克服了传统概率论者和概念论者的困难。后者认为，概率度量的是知识不确切的程度。然而，他又不得不承认，几乎一切日常或科学推理的成果都建立在概率论定理的基础上。如果概率果真度量的是不确切程度，我们又怎么能可靠地预测现象呢？

严格来说，如果将概率归纳为一类命题在另一类更大的命题（"属"）中的相对频率，那么概率就不适用于单次事件。硬币抛起来有可能朝上，也有可能朝下；明天有可能下雨，也有可能不下雨。在单次事件中，$\frac{1}{2}$的概率也好，任何大小的概率也好，都是没有意义的。谈论单次事件的概率时，我们只是感觉单次事件代表了一类事件，而且这类事件可以重复。于是，我们就得出了一个重要推论：在推理某种情况在宇宙中发生的概率时，除非宇宙的数量有很多个，否则推理是不可能有效的。

理论必须比它们希望解释的复杂现象要简单，不然就没有用处。因此即使事实只能得出或然性的规律，我们也不妨经常将其当成确定的定律来用。若是如此，我们既要警惕极端情形下是否依然适用，也要警惕别人用极端情形来反驳规律本身。

最后，我还要强调一点：皮尔士的推理理论对于思考人类文明具有重要价值。传统看法认为，逻辑学的用处不大，因为人们学会推理就像学会走路一样，凭的是直觉和习惯，而非系统学习。针对这种观点，皮尔士坦承："人类最高深的科学成就也不过是天生动物本能中发展出来的。"[1] 虽然逻辑学规则乍看起来是隐含的,但将它们有意识地表达出来有利于分析,也更容易在新情况下发现旧法则。这会大大提高我们的适应能力,足以将人划分为两大类,一类是习惯和常规的奴隶,一类是能够通过认识法则来预测、控制自然的自由人。皮尔士认为,科学方法是通过自由探讨来获得稳定的信念的,欢迎一切可能的质疑,从而与机械重复("去相信的意志")、社会权威截然不同。这种观点极好地吸收了与专制社会相反的古希腊式的自由文明。权威的根源是习惯的力量,但它不能阻止新的、非正统的观念产生;在捍卫权威的社会观念时,人们表现得往往会比捍卫个人看法更加凶悍。

四

除了詹姆斯的实用主义与激进实证主义,罗伊斯的理念论和近年来的新实在论运动也受皮尔士的影响很大。

一位思想家竟然同时被后来的理念论和实在论哲学家封为祖师,这不免有些奇怪。有人或许还会以此为证,说这种现

---

[1] 参见《逻辑学研究》(*Studies in Logic*)第 181 页。

象正好表明他缺乏连贯性。但是，这种奇怪现象只是表面上的，真正的原因是实在论与理念论的对立关系其实是很宽泛、松散的。如果理念论指的是伯克利式的唯名论学说，那么皮尔士显然不是理念论者；他将逻辑学作为秩序类型（罗伊斯也持同样的观点）来研究的著作是逻辑实在论的一大基石。但是，如果理念论指的是传统的柏拉图学说，即"理念"，或者说理型，不只是存在的心理条件，更是其实在条件，那么毋庸置疑，皮尔士既是理念论者，又是实在论者。

皮尔士对罗伊斯的影响主要体现在后者运用现代数学的一些元素——比如无穷、连续概念的新发展——来阐释根本性的哲学问题，比如个人与神、个人与宇宙之间的关系。在19世纪末，哲学家几乎已经完全放弃数学工具了。皮尔士在《心智的规律》中则开辟了一条新路，令其他理念论者大吃一惊。在《基督教之问题》（*Problem of Christianity*）中，罗伊斯承认自己的社会意识学说、群体心智学说以及在论证过程方面受到了皮尔士的影响。两人思想中或许还有更多的相似之处，因为他们有着共同的智力资源，比如康德和谢林的著作。但是，值得注意的是，除了在其晚年著作中，罗伊斯在讲座和研讨会上也不断地提到皮尔士的观点。

美国新实在论运动的基础，一个是罗素的数学著作，一

导　语

个是罗伊斯将数学用于哲学，而这正是步皮尔士的后尘。罗素自己就说，他的逻辑学是建立在皮尔士和皮亚诺之上的。从技术上来看，皮亚诺的记号更方便。但是，皮亚诺的全部结果都可以用皮尔士的方法推导出来，这是施罗德和拉德-富兰克林夫人后来证明的。然而，从哲学上来看，皮尔士的影响比皮亚诺大得多，因为他坚定地认为，逻辑学不是心理学的分支，其不光是研究心理活动，更涉及客观的关系。有一种观点认为，逻辑学法则代表的是"思维的必然性"，命题之所以为真，只是因为"我们不得不这样认为"。对此，皮尔士的答复是："精确的逻辑学会说，C 是 A 的逻辑后承，这是一种实在的状态，如果思维软弱的话就达不到这种状态。"[1] "有效性就是一个纯粹的事实问题，而与观点无关。……对于正确的结论而言，就算我们没有接受的冲动，它依然是真实存在的；而对于错误的结论，尽管我们很难相信它是错的，但它的本质依然是错误的。"[2]

从洛克的时代起，一种假设就几乎完全支配着近代哲学：要想发现已知事物的本质，首先必须研究"知"的过程；换言

---

[1] 参见《一元论者》第 7 卷第 27 页，《思辨哲学杂志》第 2 卷第 207 页，《大众科学月刊》第 58 卷第 305—306 页。
[2] 参见本书正文第 11 页。

之,心理学是哲学的核心。结果,哲学几乎与心理学完全等同了起来。19世纪中期生物学的发展也没有动摇庸俗的哲学信条:"人的研究对象应该是人类自己。"逻辑学的复兴、近代物理学的突飞猛进都在提醒我们,洛克的方法固然为哲学带来了一些助益,但更古老的哲学思路也绝非死胡同。人类不能失去对宏大宇宙的兴趣。如果你相信更古老的哲学方法,相信通过物理学和数学会有巨大的收获,那么查尔斯·S.皮尔士的著作一定会给你很大的启发。要想通过这种方法来解决知识的难题,我们不必熟悉柏拉图和亚里士多德。但是,在本文的结尾,我要谈一谈皮尔士的理想实验与现实实验的对照,以及他如何解释人类用归纳法取得的成就,毕竟潜在的假设有无穷多个。至于数学研究对人生智慧的意义,下面这段话无疑是值得深思的:"一切人类事务都建立在概率的基础上。如果人永生不死,他必定会亲眼看到曾经笃信的信念被打破。财富、王朝、文明都会逝去,他最终会因此而崩溃。于是,我们有了死亡。"意识到个体的死亡并不会让说过的话失去逻辑意义,意识到这种意义中包含着无数人的理想,我们便窥见了纯粹宗教的内核。

莫里斯·R.科恩

引　言　　　　　　　　　　　　　　　001

第一部分　偶然与逻辑

第一篇　信念的确定　　　　　　　　007

第二篇　如何形成清晰的观点　　　　030

第三篇　关于偶然的学说　　　　　　057

第四篇　归纳的概率　　　　　　　　076

第五篇　自然规则　　　　　　　　　098

第六篇　演绎、归纳和假设　　　　　121

第二部分　爱与偶然

第一篇　理论体系　　　　　　　　　147

第二篇　小探必然性学说　　　　　　166

第三篇　心智的规律　　　　　　　　　187

第四篇　人类的玻璃本质　　　　　　224

第五篇　演化的爱　　　　　　　　　250

附　录　　　　　　　　　　　　　　282

引 言

哲学的规则[1]

笛卡尔是近代哲学之父。笛卡尔思想与被它取代的经院哲学的主要区别可简述如下。

1. 笛卡尔教导我们,哲学必须由普遍怀疑出发;而经院哲学从不质疑基本假设。

2. 笛卡尔教导我们,确定性的终极检验在于个体意识;而经院哲学则依赖圣人和天主教会的证词。

3. 中世纪哲学中经常用许多不同的形式来证明同一个命题;笛卡尔却往往从看似平凡的前提出发,沿着单一的推理路径来得出结论。

4. 经院哲学的信条是神秘的,却号称要解释世间的一切。但是笛卡尔哲学中却有许多事实是没有解释的,而且承认它们完全

---

[1] 参见《思辨哲学杂志》第 2 卷第 140 页。

如何形成清晰的观点

不能解释,除非"这是上帝的意旨"算得上是解释。

在某些方面乃至所有方面,大多数现代哲学家都是笛卡尔主义者。虽然我无意重返经院哲学,但是,我认为现代科学和逻辑学的发展已经要求我们改弦更张了。

1. 我们不能从普遍的怀疑出发。着手研究哲学的时候,我们必须从某些已有的成见出发。这些成见不能被任何信条所打消,因为我们认为它们是不容置疑的。因此,一开始就怀疑一切不过是自欺欺人,并非是真正的怀疑;若是真的遵循笛卡尔的方法,那么除非把之前放弃的全部信念都找回来,否则这种方法绝不会令人满意。把笛卡尔的方法作为思想的起点是完全的无用功,就好比你想去君士坦丁堡,却先跑到北极,然后沿着子午线一直往南走似的。诚然,在研究的过程中,合理地质疑初始信念是有可能的。但是在这种情况下,之所以怀疑是因为有正面的理由,而不是因为笛卡尔的信条。在哲学研究中,我们不应该假装怀疑其实内心里并不怀疑的东西。

2. 笛卡尔还有一条徒有其表的原则:"我清晰地、确定地相信的一切都是真的。"如果我真的确信了,那么应该已经做过推理,用不着检验是否确定了。但是,让个人成为真假的绝对裁判者是极其危险的。其结果就是,形而上学比物理学还要言之凿凿,只可惜在其他任何事情上都达不成共识。在存在学界共识的学科中，一个理论提出后，除非达成共识，否则都是有待检验的；而共识达成后，确定与否也就不是问题了，因为已经没有人提出质疑。作为个人，我们不能指望自己就掌握着终极哲学真理，这要靠哲学家群体来共同努力。因此，如果多个坦诚而受过训练的人仔细研究一个理论后拒绝接受它，那么理论的提出者就应当对其理论产生怀疑了。

3.哲学应当效仿成果丰硕的学科的方法，只从合理的、经过严密审查的前提出发，而且论证不求其多，不求其杂，但求个个扎实。推理不应该像一条锁链，一处断了便整条皆断；而应该像绳索，每条纤维尽可以纤细无比，但却数量众多，紧密相连。

4.每一种非理念论哲学都假定存在某种绝对不可解释、不可分析的终极实体。简言之，这种实体是思维的产物，而不是引起思维的事物的产物。既然它是不可解释的，那么就只有通过符号来推知。但是，由符号出发进行推理，那就只有当结论解释了某个事实的情况下才是合理的。假定某个事实是绝对不可解释的，这可算不得解释了它。因此，这种假定是不合理的。

第一部分 偶然与逻辑

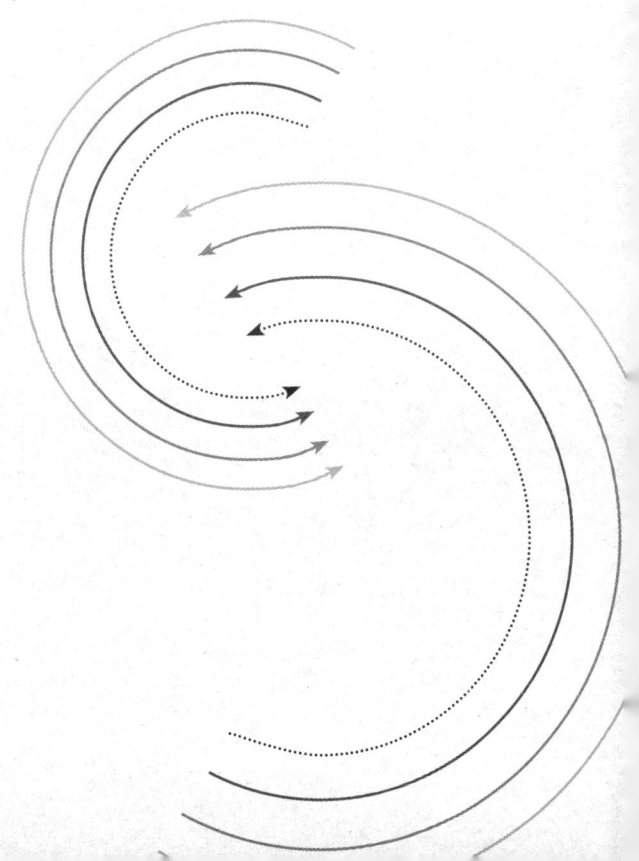

第一篇　信念的确定[1]

一

少有人学习逻辑学,因为几乎每个人都觉得自己精通推理。然而我却发现,这种满足感仅限于对自己的推理,于其他人的推理却不然。

在我们所有的官能中,推理能力是最后一个被完全掌握的,因为与其说它是一种天赋,不如说它是一种需要长时间刻苦训练习得的技艺。推理活动的历史足以写成一部皇皇巨著。沿袭罗马人的做法,中世纪的学校教育将逻辑学安排在语法课程之后,内容很简单。当时的人也确实认为逻辑是很简单的。根据他们的观点,推理的根本原则在于,所有的知识要么依据权威,要么有确凿的原因。然而,通过原因推理而来的东西绝对是以权威观点为前提的。所以,只要学完三段论,他们的思维工具就算齐备了。

---

[1] 参见1877年11月《大众科学月刊》。

罗吉尔·培根（Roger Bacon）是13世纪中期的杰出思想家，他的思路已经接近现代科学了。对于他来说，经院学者对于"推理"的定义其实是通往真理路上的障碍。他认为，一切知识都来自经验。对我们来说，这个观点不难理解，因为由于先辈的努力，我们已经对"经验"有了一个明确的认识。罗吉尔·培根也是这样认为的，因为当时"经验"中的种种繁难曲折尚未充分暴露。培根认为，在所有类型的经验中，最好的一种是内省。这种经验可以让人更好地认识本质，这是外部感官永远无法实现的，例如"圣餐变体"[1]。

四个世纪过后，更有名的那个培根（弗朗西斯·培根）在第一本书——《新工具》（*Novum Organum*）中就明确提出，经验必须能够接受验证和再次考验。尽管培根的理念相对前人的思想来说更胜一筹，但是现代读者若非被他的滔滔雄辩所折服，倒是会对他对科学程序理解的粗糙而大感震惊：我们需要的只是进行粗略的实验，在空白的表格中草草填写结果，照章办事地过一遍，排除有误的部分，记下另外的方法，之后再过几年，物理科学的研究就会大功告成——这是什么想法啊！"他像大法官一样

1　圣体礼所用的饼和葡萄酒在礼仪过程中变成基督的身体和血，但外观并无变化。

地描述科学。"[1] 的确如此。

早期的科学家哥白尼、第谷、布拉赫、开普勒、伽利略、吉尔伯特等,他们使用的方法更接近现代科学家。开普勒用曲线描绘了火星的运行轨迹。[2] 他对科学最杰出的贡献是在人们的脑海里深深地刻下了一种理念:若想为天文学发展做出贡献,必须像他这样做才可以。于是,人们就不会满足于探讨哪一个本轮均轮体系更优越,而要根据实测数据,考察哪一条曲线与其更符合。无与伦比的热情与勇气帮助他完成了这项任务。他在各种不可思议(在我们看来)的想法中蹒跚前行,在一个个荒谬的假说中求证,如此反复达 22 次,终于在绞尽脑汁后,来到了通往知识的门槛前。如果换作一个掌握现代逻辑思维的人,这里本应是探索的起点。[3]

同样,每一项伟大的、让许多代人铭记的科学成就在被写作完成之际,都不免会包含某些推理谬误,于是每一项重大的科学进步都是逻辑学的一大教训。拉瓦锡(Lavoisier)和同时代的科学家们进行化学研究时就是如此。炼金术师的人生格言就是:

1　这其实是威廉·哈维(Willian Harvey)说给约翰·奥布里(John Aubrey)的名言。
2　不完全为原文,意思大概如此。
3　这种现代逻辑主要为开普勒的研究成果。

如何形成清晰的观点

"读书，读书，再读书，才可进行实验。若极限不可跨越，则重归读书。"在幻想着稍加修正就会产生不同的结果却无可避免地失败之后，拉瓦锡并没有完全依靠读书与祈祷，也没有幻想冗长、复杂的化学程序会产生某些效果，而是用愚钝的耐心将它投入实践，最后把自己的幻想发表了事。他把自己的思想带入实验室，融入每件器材之中。他赋予推理新的含义，将它视为一种直接操控真实事物的过程，而非仅限于文字和幻想。

很大程度上，围绕达尔文主义的争论是一个逻辑学问题。达尔文先生想要把数理统计的方法应用到生物学研究中，这一方法已经在许多不同科学分支如气体理论中有所应用。尽管无法以某种关于该类物体性质的假说解释某种气体分子的运动形式，但是克劳修斯（Clausius）与麦克斯韦（Maxwell）却通过概率论的原理提出预测，说明在一定条件下，某一成分的分子会达到某一速率，每秒钟分子碰撞次数是多少，等等；再从这些信息中推导出气体的某种性质，尤其是热力学性质。达尔文采取了大同小异的方法，尽管没有对操作上的变化和不同的自然选择逐一进行说明，但他依然证明了长久看来动物会与环境相适应。现存的动物类型是否是这种选择的结果？这种理论应该采取怎样的立场？这些问题形成了讨论的主题，让事实与逻辑的问题奇妙地相互交织。

第一部分　偶然与逻辑

二

　　推理的目的是从已知中发现未知。因此，从正确的前提中得到正确的结论，即是好的推理，反之则不然。于是，有效性就是一个纯粹的事实问题，而与观点无关。假设 A 为前提，B 为结论，唯一的问题是：如果 A 为真，那么 B 是否必然同样为真。如果答案是肯定的，则推理有效；反之则无效。至于我们在接受前提的情况下，是否会产生认可结论的心理冲动，则不在考虑范围之内。的确，我们经常会自然地做出正确的推断，但这只是偶然而非必然。对于正确的结论而言，就算我们没有接受的冲动，它依然是真实存在的；而对于错误的结论，尽管我们很难相信它是错的，但它的本质依然是错误的。

　　毫无疑问，人类基本是遵守逻辑的，但并不总是如此。相比逻辑的标准而言，大部分人的想法会更乐观，带有不现实的期望。这是自然的。我们似乎是这样一种存在：在缺乏事实依据的时候，我们似乎依然能够扬扬自得。所以，经验的作用就是持续地对我们的此类希望和抱负起着反作用。不过，这种旨在消除盲目乐观的方法，就算终生遵循，通常也不会完全生效。如果理论不经过任何现实经验的检验，那便是过分的乐观。根据实践而产生逻辑是一切生物所能拥有的最有益的特点，这也许是自然选择的结果。但是在此范围之外,对于该生物而言,保持愉悦向上而无论现实情况怎样,这可能更有意义。因此,对于非实践性的方面,自然选择可能容易产生谬误的思想。

思想的某种常则(habit)让我们决定从给定前提中得出某种推断,这种常则或许是与生俱来的,或许是后天获得的。它是好是坏,要看它是否帮助我们从正确的前提中得出正确的结论。推断是否有效与结论对错无关,而是取决于得出结论的常则的性质,看这种常则是否能够普遍得出正确的结论。具体的推论是由某些思维的常则决定的(这些常则的有效性,取决于它得出的结论的正确性),我们可以将这些常则总结为公式的形式,称作"指导原则"(guiding principle)。例如,假设我们发现,当把一只旋转的铜盘放在磁极中间时,它就会很快停止转动。于是我们可以推断,对于所有的铜盘来说,都会出现同样的情形。此处的指导原则就是:对于一个红铜盘成立的事实,在另一个红铜盘身上也成立。将这一原则应用到红铜上是比较安全的,而推广到其他物质——比如黄铜——上就要承担一些风险了。

我们也许应该写一本书,把所有重要的推理指导原则都列出来。但是,我们也必须承认,对一个思想完全受实践左右、行为完全遵循成规的人来说,这类书籍无法起到实际的作用。对于这样的人来说,所有的问题都像是日常惯例,一旦掌握,今后就会一劳永逸。然而，如果让一个人探索一片陌生的领域，或是其经验不能完全涵盖的领域，历史已经向我们证明，最勇敢的思想者也时常迷失方向，费尽功夫也无法离目标更近一步，甚至有时会完全误入歧途。这就像是在茫茫大海上漂流的船只，而船上无一人知道应该如何引航。在这种情况下，针对推理指导原则的研究就显得格外重要。

但是，如果不首先对指导原则的主题加以限制，可能就很难对它进行处理，因为几乎每个事实都可以作为指导原则来看。不同事实之间存在着差别，有一些很重要，可以设定为指导原则；而另一些则更适合作为研究对象。区别在于，一边是人们认为必然而显然从某些前提中会得出的结论，另一边则是人们不确定的结论。只要稍加思索就会明白，当首次问出逻辑问题的时候，我们其实就已经对一系列的事实做出了假定。例如，人的思维状态可以包括怀疑和坚信，二者之间很可能存在一条相联通的路径，而思维的客体依然保持不变。这种转变需要服从那些所有思想都必须遵从的规定。一方面，要想进行清晰的推理，这些事实是必须预先知晓的，因此去探究它们的对错并无多大意义；另一方面，我们又易于相信，这些从推理过程本身演绎出的规则是推理的关键所在。的确，只要符合这些原则，至少就不会从正确的前提中推导出错误的结论。实际上，在逻辑问题中，从前提推导出结论，要比前提本身更加重要。因为某些原因，这一点很难在一开始就呈现出来。我这里只提其中一条。有一些观念，虽然实际上是逻辑反思的产物，但并非显而易见，又与日常俗见混合，以致反而造成思维混乱。例如，属性的概念就是如此。属性是不能直接观察到的。我们可以观察一样东西是绿色还是蓝色，但是造成它为绿色或是蓝色的属性则不是我们所能看到的，它们是逻辑反思的结果。实际上，常识（也就是稍稍高于实用所需的思想）充斥着有害的逻辑属性，"形而上学"这个词语就通常用来描述这种情况，一定要用严肃的逻辑学才能搞清楚。

三

一般来说，我们是知道何时该提出问题，何时又该下定论的，因为怀疑和坚信是两种完全不同的感觉。

然而，这不是唯一用来区分怀疑和坚信的方法，二者之间还有事实层面的区别。信仰引导着我们的欲望，塑造着我们的行动。阿萨辛派（the Assassins），也就是山中老人的门徒，崇尚自我牺牲，因为他们相信，对于首领的服从会带来永恒的幸福。就算心存疑虑，他们也不会表现出来。其实所有信仰都与此类似，只不过是程度有异。信仰让人们多多少少觉得，自己的本质中有一种能决定自己行动的习惯。怀疑则没有这样的作用。

我们也不能忽略第三点差别。怀疑是一种不安、不满足的精神状态,我们挣扎着想要从中摆脱,进入到坚信的境界。而坚信则是平静的、满足的精神状态,我们不愿从中脱离,也不愿改变。相反,我们牢牢抓住而不愿放弃的,不仅是坚信本身,还有对坚信的坚信。

因此,怀疑和坚信对我们来说都有积极的作用,只是作用的类型完全不同。坚信不会促使我们立即做出行动,而是让我们在出现某些情况时再采取一定的行动。怀疑完全没有这方面的作用,但是它也会刺激我们进行一定的行动,直至毁灭。这让我们联想到了神经刺激以及之后的条件反射行为。同样用神经类系统做比喻的话,坚信就好比神经联结(nervous associations),比方说一个人闻到桃子的气味就会分泌唾液。

四

怀疑的刺激会导致坚信难以长存,我把这种情况称为"探问(inquiry)",或者"质问"。不过我们需要承认,有的时候这种表达不是很准确。

唯一直接鼓动人去追求坚信的,只能是怀疑的刺激。坚信能够切实地指导我们的行动,从而满足我们的欲望,是对我们再好不过的事情。因此,我们会拒绝所有与之相悖的信念,以确保这样的结果。然而,只有在坚信中创造出怀疑才能达到这一点。有了这种怀疑,它才会开始和信念抗争,直到怀疑终止方休。因此,探问的唯一目标是观点的和解(settlement)。我们可能会觉得这还不够,我们寻求的不仅是一个观点而已,它还要是真实的。然而,如果把这种想法加以试验,结果则不然,因为一旦建立起某种坚定的信念,我们就会完全感到满足,而无论这种坚信是对是错。很明显,知识范围之外的东西不可能成为我们的目标,因为只有影响我们思想的东西才能成为我们精神上的动力。最容易保持的信念是我们自己觉得真实的信念。然而,我们通常会觉得自己的每种信念都是真实的。实话说,这不过是一种"同义反复"[1]。

观点的和解是探问的唯一终点,这是一个非常重要的主张。它扫除了模糊和错误的论据观点。这里有几点需要注意。

1. 有些哲学家觉得,想要开始一项"探问",只需要提出问题,或将其落在书面上。他们甚至建议我们怀疑一切,然后进行研究。但是,单纯地将某一观点转化成探问的模式,并不会让大

---

[1] 修辞手法之一,指字面不同但语义相同的词语或句子重复使用。

脑在坚信的基础上进行怀疑。一定存在着一种真实存在的怀疑，如果没有它，所有讨论也将失去意义。

2. 人们通常觉得，证明一定要建立在绝对明确的观点之上。有的学派认为，这是具有普遍性的第一原则；有的则认为这是第一感觉。实际上，探问应该建立在完全无疑的观点的基础上，从而达到满意的效果，也就是明证（demonstration）。如果前提完全没有探问，结果就再理想不过了。

3. 有些人似乎喜欢争论一些已经被广泛接受的事实，却没有什么进展。当怀疑停止，其产生的思想活动也会结束。就算继续进行，也没有了确切的目标。

五

如果观点的和解是探问的唯一目标，如果信念是某种习惯的本质，我们为何不能随便找一个答案，获得理想的结果呢？这个答案也许是我们喜欢的，我们可以不断向自己重复，想出各种东西来支持它，会用藐视和敌对避免一切与之相悖的东西。这种简单直接的方法被很多人采用。我记得有一次，一位友人恳请我不要阅读某报纸，以免它对我在自由贸易方面的观点造成影响。原话是这样的："以免你被它的错误观点蒙蔽。"他说："你不是学政治经济学的,所以你很可能会被这方面的错误观点欺骗。你如果读了这份报纸,可能就相信贸易保护主义了。但你是支持自由贸易的,一定不愿相信那些错误的观点。"我知道人们会有意采用这种方法。但更常见的是,人们出于本能,反感思想不确定的状态,又将其夸张成对于怀疑的莫名恐惧,于是更加紧紧抓住自己的固有观点不放。人们觉得,只要坚持信念不动摇,便可以得到完全的满足。不可否认,稳固、坚定的信念会带来心灵的平静;当然了,也会带来不便。例如,如果一个人坚决地相信火不会伤害到他,或者认为一定要通过胃获取营养,这些都会带来负面的影响。然而,这种人不会容忍负面影响大过好处。他会说:"我坚持真理,真理总是有益的。"很多时候,他从坚信中获得了很大的快乐,其益处或许确实超过了由于信念的虚假而带来的不利。因此,如果说死后没有来生,相信自己死后会直接升入天堂的人,只要完成了某些简单的仪式,就会很容易地收获快乐,不会有一丝失望。在宗教方面,类似的观点对很多人产生了影响,我们经常听到这样的说法:"哦,我不能相信这个,因为如果相信就是背叛。"鸵鸟在遇到危险时会把头埋进沙子里,这其实是一个快乐的选择。它躲避危险,并冷静地安慰自己危险并不存在。如果它真的觉得没有危险的话,为何不抬起头看看呢?人可以选择一生中对所有会改变其想法的观点视而不见,如果他遵照这两种基本的心理法则，最后成功了，我觉得无可挑剔。我们如果觉得他的方法不合理，加以反对，可能就是自以为是了，其实只不过他的方法与我们不同而已。他没有将合理性强加在自己身上，他也会鄙视别人的软弱和错觉。所以，我们只能随他去了。

但是这种确立信念的方法（也许可以称之为"固执法"）在实践中可能无法站住脚，因为它与社交的欲望相违背。采用这种方法的人可能会发现，别人的想法与己不同。在他比较理智的时候，他可能会觉得别人的观点和自己的一样好，从而动摇自己的坚定的信念。这种认为别人的想法、感情与自己的等同的观念完全是一个新阶段，同时也是一个非常重要的阶段。它有着十分强大的动力根源，难以压制，同时对人类又是无害的。除非我们归隐于世，否则我们一定会相互影响彼此的观点。所以问题就成了如何在群体而非个人的层面上确定信念。

那么，让公意取代私意又如何？我们就会建立一种制度，保护正确的原则，引起人们的关注，不断重复以加深印象，并将它们传授给年轻一代。同时，我们还要有能力防止错误的学说被传授、宣传或表达，让所有可能发生的思想变化从人们头脑中剔除，让人们变得无知，以免他们学会思考那些不该他们思考的东西。我们要点燃他们的集体热情，让他们觉得个人的、与众不同的观点令人生厌而可怕。之后，我们还要震慑那些拒绝既定信念的人们，让他们闭嘴。同时我们还会将这样的人公布于众，严加惩罚，还要就其思维方式对他们进行审讯，如果发现他们怀有违禁的思想，就要对他们进行公开惩处。如果还不能统一，就需要铲除所有怀有与既定思想不同想法的人，这是统一一国思想的有效手段。如果力量还做不到定于一尊，那便抛出一套荒谬绝伦、任何有独立思考能力的人都不会赞同的思想，然后强制人们全盘接受，这样他们便会互相隔绝，一如他们与世界的其余部分相疏离一样。

从人类早期开始，这种方法就是统一的理论和政策，是确保普遍相信的主要策略之一。尤其是在罗马，自努马·庞皮留思（Numa Pompilius，前753—前673，传说中的第二代罗马国王）起，直到庇护九世（Pius Nonus，1792—1878），这种方法一直十分盛行，可谓青史昭昭。但是，只要有神职人员存在（所有宗教都有），就多多少少都会采用这种方法。贵族或者公会或者任何阶级联盟的利益依赖于或可能依赖于某一思想，这是社会不可避免的、自然的产物。这套手法中少不了残酷性，一经实施，就会成为理性的人们眼中最严酷的暴行。这也不足为奇，一个社会的官员不会因为仁慈而牺牲整个社会的利益，那样是不公平的。这种"同情"和"同志"关系自然会创造出最为无情的权力。

这就是"权威法"。首先应该承认，与"固执法"相比，"权威法"毕竟在心理和道德上有其优越性。它的成功之处也相对明显。实际上,它已经多次实现了卓越的成效。例如,在暹罗[1]、埃及、欧洲,许多庄严的石制工程都堪称鬼斧神工。除了地质纪元,再没有哪些时期能够与这些信念建立的时期一样漫长。通过进一步详查,我们可以发现,没有一种信条可以永远保持不变,但变化通常是比较缓慢的,甚至在生活中基本感受不到其变化,因此个人信念往往是不变的。对于大多数人来说,也许没有比这更好的办法了。如果他们最大的欲望就是成为思想上的奴隶,那就让他们继续吧!

然而,没有哪种制度会对每个人的观点都进行管理,只有最重要的人的观点才会得到关注,其余人的想法只能留给自然。只要在这个国家中,观点之间不会产生影响,那也并无大碍。但是,就算是在神权控制最为严格的国家中,有些人在成长过程中还是会突破这种隔绝的境况,他们对社会的了解更为宽广。他们发现,其他国家、其他时代的人与他们被灌输的思想并不相同。于是,他们会不可避免地认为,这些塑造了、规范了周围人们的信仰、风俗、制度的思想,其实不过是偶然的现象。再加上他们天性直率,便不免会反思自己的信念是不是真的高人一等,于是

---

[1] 泰国的旧称。

开始疑窦丛生。

他们还会对自己的每种信念都产生这样的疑惑。这些信念要么是他自己想出来的，要么是社会的流行观念，是由别人提出来的，但无论如何都非万古不变。固执地坚守某种信念，或是强加于别人，均应该被摒弃，同时采用解决问题的新手段；不仅要让人们相信，更要提出值得人们去相信的理由。这样，人们对交往的天然需求就能够满足，人们就可以互相沟通，从不同的角度审视问题，并逐渐发展出与自然不冲突的信念。人类的种种技艺就是如此走向成熟的，其中一个很好的例子就是形而上学的发展史。形而上学体系一般不会建立在观察得到的事实上，即便有，发挥的作用也不大。人们接受一个体系，主要是因为它的根本主张"符合于理性"。这是一个适当的表达，它不代表与经验一致的东西，而是我们倾向于相信的东西。例如，柏拉图认为，星体之间的距离应该与能发出悦耳声音的不同长短的琴弦成比例关系。许多哲学家都根据类似的想法得出了他们的主要结论。然而，这是形而上学体系中最为低级、最不完善的一种形式。原因在于，若是换一个人，他可能会觉得之前开普勒的早期理论（星体与其内切和外接的各种常规立体星体成比例）更符合他自己的理性。不过，观点之间的碰撞很快会把人们导向更普遍的命题。就拿"人都是自私的"——人在行动时总会去做给自己带来更多愉悦而非更少愉悦的事情——这个观点来说，它并非基于任何事实，但很多人的确认为它是唯一符合理性的人性论。

　　与我们了解的其他方法相比，纯粹从理性的角度来思考问题是一种更明智、更可靠的方法。但是它的缺点也很明显，它将思想的探问等同于风尚的变迁。同时，形而上学学者也从未达成过任何稳定不变的共识。不过，哲学的钟摆一直在物质和精神之间摆动，自始至终都是如此。于是，我们从这种"先验法"迈向了培根所说的"真正的归纳法"。我们仔细研究了这种先验理论，它是一种从观点的偶然性角度对其进行阐释的方法。而思想的发展是一个消除偶然情况的影响同时放大非偶然情况的影响的过程。因此，"先验法"本质上与"权威法"没有什么区别。政府也许根本没想到去影响我的理论，所以，我也许在表面上有充分的选择自由。比如说一夫一妻制和一夫多妻制，仅凭我个人观点，我可能觉得后者是放纵无耻的。但是，我发现，在某些文化发达的地区——比如信仰印度教的地区——传播基督教最大的障碍，就是他们坚信我们对待女性的方式是不道德的。于是我不由得认为，虽然政府没有干涉，但是他们发展中的情感在很大程度上是受偶然原因决定的。现在，我确信包括我的读者在内的一些人，如果发现自己的某个信念不是由事实所决定的，那么，从那一刻起，他不仅在语言上承认这种信念令人生疑，而且会体验到真正的怀疑，从而导致坚信的状态不复存在。

因此，为了满足我们的疑心，有必要找到一种方法，证明我们的信念不是由人为因素引起而是来自外部的恒久事物——某种不受我们思考影响的事物。一些神秘主义者的想法是，通过获得只授予自己的天启来解决。但那充其量只是"固执法"的一种形式罢了，尚未发展出"真理是公开的"这一观念。我们所说的"外部恒久事物"，如果其影响仅限于一个人，那么就不能称为"外部恒久事物"。它必须是确实影响每个人，或者有能力影响每个人的。而且，虽然影响的具体情况一定会根据个体状态而有所不同，但是影响方式必然会导致所有人都得出一致的结论。这就是科学。如果用更通俗的语言来描述其基础假说，那就是：有现实的事物存在，其特性完全不依赖于我们对其的观点；它们的真实性会根据普遍定律影响我们的感知，并且，虽然具体感知会由于我们与事物的关系而有所不同，但是，我们能够利用感知规律理性地确定事物的真实情况。任何人，如果对此有充分的经验和理性，就都会得出同一个真实的结论。这里包含的新概念就是现实。也许有人会问："我怎么知道现实是存在的呢？"如果该假说是我的探究方法的唯一支撑，那么我的探究方法必须也用于支撑我的假说。对于该问题的回答如下所述。

1. 即便经验探究不能证明真实事物确实存在，至少也不会得出相反的结论,科学方法与它所基于的观念是相容的。因此,从方法的实施看来,并不能必然得出怀疑,其他方面也是如此。

2. 我们之所以想要用一种方法确定信念,是因为对两种观点的对立感觉到了不满足。但是,这里隐含着一种模糊的认识,即我们的观点应该符合某一种东西,而这种东西是存在的。因此,没有人能真正怀疑现实的存在;或者说,即便一个人确实这样怀疑,别人也不会说什么。人人都会承认现实可能不存在,出于维护关系和面子的考虑,别人也不会站出来质疑。

3. 在现实中,每个人都在很多方面应用着科学方法,只有在不知道如何应用它时才会停止使用。

4. 这种方法的经验未导致我怀疑,而相反,科学研究很擅长造成观点的和解。它们经得起我的解释,我并不怀疑其推测方法或假说;而且不仅我没有怀疑,我认为可能与自己发生关系的人也不会怀疑,费口舌争辩纯属多余。如果有人真的怀疑,那就请他自行考虑吧!

这一系列文章的目的是描述科学调查的方法。限于篇幅,此处只能将它和其他信念确定的方法做若干比较。

在四种方法中,唯有"科学法"能区分真伪。如果我采用"固执法",闭目塞听,那么要想区分真伪,就必然要按照这种方法的要求,隔绝一切外界影响。"权威法"也是一样,国家试图镇压异端时可能会采用从科学角度看欠妥的方式,但是,要想检验这种方法是否合理,唯一的标准就是国家,只有跟着国家走,才不会犯方法上的错误。"先验法"也是如此。它的实质就是只相信自己愿意相信的东西。所有形而上学者肯定会这样做,虽然他们可能会觉得其他人的观点都是曲解的、错误的。黑格尔体系认为,思想的每一个自然倾向都是符合逻辑的,虽然这种倾向必然会被相反的倾向所废止。这些倾向的演替中存在一种有规律的体系,因此,在各种方向之间漂移了很长一段时间之后,最后会得出正确的观点。而且,形而上学者们确实最后得出了正确的观点。黑格尔的自然体系在相当大的程度上代表了当时的科学;而且人们可以确定,不论驱散了怀疑的是何种科学调查,形而上学家都会补上先验的明证。但是,如果用科学方法,那么情况就会不同。我可以先从已知入手,观察事实,从而了解未知,我这样做时所遵循的规则可能不是科学研究本身证明的。要想检验我是否确实在遵循科学的方法,不能直接诉诸自己的感觉和目的;相反,这个检验本身就要运用科学方法。因此,好的推理是可能的,坏的推理同样是可能的。这个事实构成了逻辑学在实践方面的基础。

我们不能认为,造成"观点和解"的前三种方法在任何情况下都低于科学方法。相反,它们各有其便利。"先验法"的与

第一部分 偶然与逻辑

众不同之处在于，它的结论让我们感到很舒适。这种过程的本质在于采用我们本身所倾向的任何看法，而且符合人们天性中的虚荣心，直到冷酷的现实把我们从美梦中惊醒。大多数人总是要受"权威法"辖制的；而手握国家组织力量的官员们，他们永远都会认为不好的思想需要用某种方法去压制。如果言论自由不用这样粗暴的方式压制，也会出现"道德的恐怖"来实现观念的统一，并得到认可的社会风俗。追随"权威法"是一条和平的道路。某些不合规的情况是允许的，其他不合规的情况（被认为不安全）是被禁止的。这在不同年代、不同国家各有不同。但是，不论在哪里，你只要让人知道你认真地持有被禁忌的观念，那么你无疑将会遭受人们的残忍对待，其残忍程度不亚于把你当成狼一样猎捕，只是人们表现得更有教养一些而已。因此，人类最伟大的科学家、思想家们从没有敢于、现在也不敢于表达自己的全部想法。由此，在那些被认为对社会安全起重要作用的每种主张中，都存在一种显而易见的怀疑的阴影。奇特的是，迫害并不完全来自外部，人们也会自我折磨。当他发现自己所相信的理论正是自己从小到大被灌输的、去憎恶的理论时，苦恼、忧虑就常常会出现。于是，这个平和的、有同理心的人会发现，自己难以抗拒向权威屈服的诱惑。但是，我最佩服的是"固执法"的有力、简洁、直接。遵照"固执法"的人特立独行，在这种精神状态下，一切都不成问题。他们不会浪费时间决定自己想要什么，而会像闪电一样紧紧抓住最先出现的任何东西直到最后，不管发生什么，都没有任何犹豫不决。这种绝佳的品质通常会伴随辉煌的、短暂的成功。如此视理性如无物的人不能不令人钦佩，虽然我们都知道最后的结局。

这就是以上三种方法比科学方法优越的地方。一个人大可对此表示赞赏，但接下来需要考虑的是，归根结底，他想要的是思想与事实的符合，而以上三种方法是绝对做不到这一点的，这是唯有科学方法才能达成的。他必须要做一个决断，这个决断比接受或拒绝任何一个具体观点都远为重要。即这四种方法中，他要用哪一种来规定自己的思想，决定自己的人生道路。但是，此处需要的是高于日常习惯的反思，必须完全让反思来抉择。人们有时不愿意去反思，觉得信念是有益的，人总不能行走在虚空之上。然而，我想请这些人换位思考一下：假如面前是一位开明的穆斯林，他在犹豫要不要放弃伊斯兰教里关于两性关系的教条；或者是一位开明的天主教徒，他在犹豫是否要凡事依从《圣经》而行。那么，这些人要怎么对这两个人进行劝说呢？他们难道不会说：思考要周全，透彻理解了新的信条，然后再决定是否要全心遵从？但是，对待信念要真诚，这比哪一个信念都干系重大。如果因为害怕某个现在持有的信念被揭穿，然后就干脆闭目塞听，这既是不道德的，也是没有益处的。若是一个人承认与"假"截然对立的"真"存在，而且按照"真"去行动，他就能实现自己的目标，而不会迷失方向。但是，尽管如此，他还是不敢去知晓真相，反而避之唯恐不及，这只能说明他的心智有缺陷了。

诚然，其他方法也有好处：追求良心上清晰明确、符合逻辑是有代价的。我们珍视的其他美德同样可能带来巨大的损失。但是，这是我们唯一正当的追求。一个人对待逻辑思维的态度，应当如同对待"弱水三千，只取一瓢饮"的爱妻。他不必苛责他人，相反，应当对他人报以深刻的敬意，如此更加彰显他对思维的尊重。但是，这就是他的选择，他也知道自己的选择是正确的。于是，他会为其而努力奋斗。他对打击不会有半句怨言，只愿暴风雨来得更猛烈些，让他证明自己是一个合格的"护花使者"，充满勇气与斗志，宛若天人之貌。

第二篇　如何形成清晰的观点[1]

一

所有研究过现代普通逻辑学论著的人，都一定记得两组完全对立的概念：清晰与模糊，明确与混乱。这些概念已经在书本篇章中存在了两个多世纪，没有任何改变。逻辑学家们通常都将其视为自己学说的宝藏。

清晰（clear）的思想可理解度很高，无论何时何地都能被分辨出来，所以它从来不会误导别人。如果达不到这样的清晰程度，那就是模糊了。

这个哲学术语相对还算清楚。不过，由于是在定义"清晰"，所以我希望哲学家们能够平实地对它进行说明。具有思辨能力，不犯思想混淆的错误，看穿其费解的形式，这些都是"清晰"这种有力的智识工具的表现形式。纵观世界，其实它并非常见。从另一

---

[1] 参见1878年1月《大众科学月刊》。

第一部分　偶然与逻辑

方面说，人们对于某种思想如果仅仅是熟悉而已，在常见应用中对其进行分辨时却踌躇不前，这是达不到清晰理解的水平的。这样的理解程度归根结底可能仅仅是主观上觉得自己精通了一切，而实际则不然。不过，在我看来，谈及"清晰"时，逻辑学家们表达的可能仅仅是对某种思想的熟悉而已。他们认为，清晰不过是一个小小的优点而已，还需要其他元素加以补充，也就是"明确"。

明确（distinct）的思想指的是不含任何不清晰内容的思想。这是一个专业术语。在逻辑学中，"内容"指的是定义中包括的一切内容。对于他们来说，如果某种思想可以被准确地、抽象地定义，那就可以说该思想是明确的、可理解的。这个话题是逻辑学专家留下的，如果不是这个例子突出展现了他们在思想活动上几个世纪的沉寂，麻木地忽略现代思维方式，丝毫不想用这些新内容来完善逻辑学，那么我也用不着跟读者赘言他们的言论了。不难发现，熟练使用以及抽象的明确性有助于理解，这样的信条在哲学中一直有着特殊的地位；并且，现在已经到了将获取知识的方法更清晰、更完美地阐述出来的时刻，这个时代中我们尊敬的那些伟大的思想家已经开始做了。

当笛卡尔开始重建哲学的时候，第一步就是在理论上允许怀疑，摒弃形而上学学者主张的"权威即真理的源泉"。完成了这一点之后，他开始寻求更加自然的真理之源，并承诺会在

如何形成清晰的观点

人类思想中寻找到它的总和。这种变化直接地把"权威法"转变成了"先验法",这一点在前一篇中也有所叙述。自觉(self-consciousness)会赋予我们某些最基本的真理,决定什么能够被推理。但是,显然不是所有的思想都是真理,所以他指出,证明一种观点无误的首要条件就是清晰性。不过,他没有考虑到,这种清晰究竟只是看起来如此,还是确凿可靠。笛卡尔相信内省的作用,就算对于外部事物的知识也是如此。那么他为何要质疑我们脑海中思想内容的真实性呢?我认为,当他发现有些人的观点看上去很清晰、很积极,实际上却是与根本原则背道而驰之后,他开始觉得,思想仅仅清晰是不够的,还需要明确,也就是说不可包含任何不清晰的内容。由于他没有明确地对此进行解释,我认为他的意思可能是:这些思想必须通过苏格拉底意义上的辩证检验,不能仅仅是在开始时看上去很清晰,还要在探讨过程中也不会发现它有任何不明确的地方。

这就是笛卡尔的"明确性"理论。人们觉得该理论完全符合其哲学层次。莱布尼茨(Leibnitz)也多多少少地对它进行了发展完善。无论何种情况,视线能及与否,莱布尼茨这位伟大的天才都做出了卓越的贡献。他清楚地知道,一件机器不会永远地工作,我们需要不停地给予动力。不过他并不了解,思维的机器只能转化知识,却不能产生知识,只有相关的具体的事实才能产生

第一部分 偶然与逻辑

知识。于是，他遗漏了笛卡尔哲学的核心，即我们都会不由自主地接受某种看上去再明显不过的主张，无论其符不符合逻辑。莱布尼茨希望将一切学问的最根本原则，也就是逻辑原理加以简化，一些必然正确的公理，只要否认这些公理，就会带来自相矛盾的结果。同时，他明显没有意识到自己的观点与笛卡尔之间的差异。于是，他又退回到逻辑学陈旧的形式中。总体来说，抽象定义在他的哲学中占据着重要的地位。因此，在观察笛卡尔历经艰难得出的方法时，自然地，我们可能会觉得自己清楚地理解了他的观点，但这些观点实际上仅仅是模糊的概念而已。对他而言，最好的补救方式就是对每条重要的术语都进行抽象的定义。相应地，在定义"清晰"和"明确"的时候，他将"明确"描述为"清晰地理解定义中包含的一切"。自那时起，各类书籍都开始引用他的观点。到了今天，人们不再过分高估他的空想。仅凭分析定义是学不到新东西的。不过，可以通过这种途径整理我们现存的信念。像其他经济体系一样，秩序是智识经济中的一个核心元素。因此，在书籍中首先呈现达到清晰的方法，紧跟着加上定义，这种方法是经过人们公认的。但是如果没有任何更高层次的思想，就和反映一百年前的哲学成果没什么两样了。"清晰与明确"这一哲学教义广泛地得到了人们的认可，也许研究至此已经足够，但是现在还是应该将这一珍贵的"古董"暂且放到架子上，而开始用更现代、更实用的东西来武装我们自己的头脑。

　　应该说，逻辑学教会我们的第一件事就是如何让我们的观点更加清晰。更重要的是，忽视它的人通常是最需要它的。知道自己所想，成为自己思想的主人，这是迈向有意义、有分量的思想的坚实基础。思想越简单越有限，它也就越容易习得。有了清晰的思想，人们就不必在厚重的思想泥淖中举步维艰。的确，一个国家可能需要一代一代地克服语言驳杂造成的不良结果，自然地，还有无穷无尽、高深莫测的思想。我们也许看到了，它在历史上渐渐地完善这些方面的书面形式，渐渐淡化形而上学，并通过极大的耐心（这通常是一个额外的优点）在各种思想方面获得了优异的成就。历史的篇章还未完全打开，我们尚且未知这些具有优秀思想的民族是否会在以后的日子里超越那些虽然思想语言贫乏但却对其很好掌握的民族。不过对于个人而言，毫无疑问，少数几个清晰的观点一定好过许多混乱的观点。我们不能说服一个年轻人放弃他的思想中最精华的部分，而去挽救那些糟粕。混乱的头脑甚至无法看到这些牺牲，因此认为完全没必要这样。对于这样的人，我们能做的不过只是同情而已，就像对待一个有先天缺陷的人一样。时间确实会提供一定的帮助，但是很不幸，由于自然的安排，思想的清晰与成熟形成得极为缓慢。清晰性对于生活已经安定下来的人的影响要比一切刚起步的人更大，前者犯的错误已经基本上造成了相关的后果。一个年轻人的头脑中，如果潜伏着简单的、模糊的、单一的、无意义的思想，是一件非常可怕的事情。这种思想就像动脉肿块，吞噬着头脑的营养，让受害者无法释放其大脑与智慧的丰富活力。许多人年复一年地将某些含糊不清的思想视为珍宝，而实际上，连将这些思想完全定义为错误也是没什么意义的。不过，他还是疯狂地热爱这一思想，与其朝夕相处，并将自己的精力与生命都奉献给它，一切都以它为中心，与其共生，以其为本，直到这种思想融入血肉。可是某天早晨，他醒来后突然发现，就像神话中的梅露西娜（Melusina，欧洲神话中的圣泉之神），它完完全全地消失了踪影，他生命中最精华的部分也从此不见。我本人也认识这样的人，谁知道究竟有多少形而上学学者、占星师、辩论上帝是否能创造方形之圆的人呢？关于他们的历史，可能并不会被包括在古老的德国传说中。

二

本文集中的第一篇文章提出了若干原则，凭借它们，我们能够达到的思想之清晰程度，或许会远胜逻辑学家所谓的"明确"。我们发现，思考这种行为是通过疑惑的刺激产生的，而确定了信念之后，思考就会停止。因此，思考的唯一作用就是产生信念。

不过，这些言论对于我的宗旨来说，可能有点过头，就好像我在思想的显微镜下描述某种现象一样。"怀疑"与"信念"，这两个词通常关乎宗教等严肃的讨论。不过在这里，我是用它来表示一切问题的，无论多么至关重要，或是多么微乎其微。比方说，乘坐马车的时候，我拿出钱看到有一个五分的硬币和五个一分的硬币，在我的手伸出去拿钱的时候，我要决定怎么来付钱。如果称这个问题为"怀疑"，而我最后的决定为"信念"，这是非常不合理的。说到"怀疑"，它会造成人们的不安，甚至近乎疯狂的情绪，因此需要得到平复。我们更细致地来看——如果说我在付钱的时候有那么一丁点儿的迟疑（可以说迟疑是一定存在的，除非我有某种固定的习惯），到底要付五个一分硬币还是一个五分硬币，用"不安"这个词来形容这种情绪可能有些过头，但是这种微不足道的思想还是可能会决定我的行动。通常来说，怀疑源自不决，即使转瞬即逝，也会影响我们的行动。不过也有特殊情况。比如说，在车站等火车的时候，我随便看着墙上的广告打发时间，顺便对比了一下不同车次和路线的优点。那些车次我可能永远也不会去乘坐，我只是把自己想象在一种怀疑的状态下，纯粹因为无聊。故作犹豫，无论仅仅是为了消遣，还是为了更崇高的目的，都在取得科学探索的成果过程中起着重要的作用。无论怀疑是以何种方式开始，都会刺激我们的思想产生一定的活动。

这些活动可能轻微细小，可能充满活力，可能平静，可能激动，就像一幅幅图像迅速地在我们的意识中穿梭，不断地互相融合，直到最后一切结束，可能是一秒钟、一小时，也可能是很多很多年之后，我们发现自己已经完全决定在同样的犹豫下会做出怎样的反应。也就是说，我们获得了信念。

在这一过程中，我们发现了两种意识的元素，不妨用一个例子来说明它们之间的区别。乐曲里有不同的音符，还有一个旋律。由若干音符组成的曲调可以不断地演奏，一个小时也好，一整天也罢，你从里面随便抽出一秒，跟另外一秒都没有任何区别，过去与未来都是一样的。但是，旋律就不同了。旋律存在于一个时间段中，各段曲调是渐次出场的，有序地敲打着人们的耳膜。人类一定存在着某种持续性的意识，可以感知这种时间的推移。我们可以通过聆听每个音符来感知旋律，但是不能说我们可以直接听到，因为我们所能听到的都是瞬间的声音，而那些抽象的顺序和连贯性却不是瞬时的。我们即刻可以感知的东西和我们间接感知的东西都存在于意识中。对于某些元素而言（例如感觉），只要它们存在，人们就会在每时每刻中感知；而有些元素则不然，例如思考，它有起点、过程、终点，是通过一系列穿过我们脑海的感觉构成的。它无法即刻展现在我们面前，因为其中必然包含着过去与未来的元素。可以说，思考就是一串旋律，是将一系列的感觉串联起来的。

我们还可以说，既然一段音乐可以分成不同部分，每个部分都有相应的旋律，那么在同样的感觉中，也存在着不同的系统，相互关联。这些系统有着不同的动机、观点、功能。思想只是其中之一。在这个系统中，每个单独的动机、观点和功能的目的都是为了产生信念；如果不能以此为目的，就归于其他的关系系统。思考也会偶然地产生一些其他的结果。例如，它可能会让我们获得消遣。那些业余的思想家（dilettanti），往往偏执地把消遣作为思想的目的，竟以为他们思考并从中获得快乐的问题可能永远也没有答案；一旦现实的发现打破了他们的玄谈清梦，他们便会毫不掩饰地表现出厌恶。这是思想最大的败坏。不过，从思想的灵魂与意义来说，由于它们是从伴随思想的其他元素中提炼出来的，所以虽然可能也会遭到反对，但是它们永远只会产生信念。在实际行动中，思想会为了这唯一可以接受的动机，将其实际所得平复下去，于是，与信念无关的东西也就与思想本身无关。

那么，究竟什么是信念呢？它是一种旋律，是思想生活交响乐的阶段性终章。它有三种属性：第一，它是一种我们可以意识到的东西；第二，它会平息怀疑带来的不安；第三，它还会在我们的天性中建立一种行为规则，或者简单来说就是习惯。因为它可以平息怀疑，而怀疑又是思考的动因，于是思想就会得以放松，信念建立起来，思想也会停歇。不过，由于信念是一种行动的规则，它的应用会带来更深层的怀疑与思考。它既是思考的终点，又是一个新的起点。这也是我说"停歇"的原因。但从本质上来说，思考是一种行为。思考的最终结果是决断，在这一阶段，思想不再作为一个局部而存在。信念就像是思想活动的运动场，思想影响着我们的本质，从而影响了我们未来的思考。

信念的核心是习惯的建立。不同的信念可以通过不同的行为模式加以区分，同时也引起不同行为模式的产生。如果不同信念在这一层面上无从区分，如果同样的疑惑通过同样的行为规则被平息，那么不同的意识方式就不会造成信念的不同。用不同的曲调弹奏同一段乐曲，乐曲本身并不会改变。人们经常想象出某些信念之间的不同，而这些信念的唯一区别只是表现方式。但是，随后产生的争执并非虚妄。图1与图2中包含的对象是完全一样的，这是同一个信念。

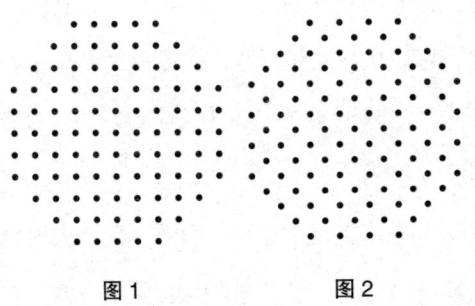

图1　　　　图2

但是可以预料，人们通常坚持其中一种，而否定另一种。这种错误的区分会带来与信念混乱同样的危害，我们应该对这些陷阱保持警惕，尤其是在我们以形而上学理论为基础的时候。这种迷惑十分常见，仅凭这一点就会让我们将原本就不清晰的思想产生的感觉误解为思考内容的特征。我们并未觉得含糊晦涩完全是主观性的行为，在我们的臆想中，我们不过是在仔细审视一种本质就很神秘的东西而已。随后，如果我们的想法以一种更加清晰的方式呈现，那么由于不明确感消失，我们就会把它认作完全不同的东西。只要这种欺骗性存在，它就会在通往清晰思考的路上铺设一道不可逾越的障碍，同时得到理性思考的反对者们的拥护与捍卫。

这种欺骗形式的另一种表现是，仅因两个单词之间语法上的不同，就说它们表达的思想不同。在这个迂腐的时代，许多不学无术的人都尽其所能卖弄辞藻，而思想却空洞乏味。这足以体现该问题的普遍性。我刚才说思想是一种行为，它主要由某种关系构成。尽管人可以执行的是行为，而不是关系（关系只能是行为的结果），但这并没有让我的主张出现半点矛盾，只有一些语法上的不明确而已。

思想的全部功能就是产生行为习惯，无论与思想关联的是什么，只要与其目的无关，就只能是附属品，而不会成为它的一部分。只要认清这一点，我们就能够安全地从这些诡辩中脱身。如果在感觉中有这样的一个部分，我们不知道在特定情况下应该对它做出怎样的反应，比方说为什么听音乐不是思考，那么我们唯一要做的就是推断这个部分产生了怎样的习惯，因为一种事物的意义只要看它的习惯就可以了解。

习惯的性质要根据它如何引导我们行动来决定，不仅要看常见的情形，还要考虑一些不那么常见的情形，无论多不常见都要考虑。习惯的含义取决于它何时、如何导致我们行动；对行动造成的所有刺激都源自感知，而且，每种行动都是为了产生某些经过思考的结果。于是我们回到具体、实际的方面，将这些方面作为思想真实差别的根源，尽管它们可能十分微妙。对于习惯不同含义之间的差异，最细微的就存在于可能的实践差异中。

我们可以参考"圣餐变体"来考虑这个问题。清教徒通常认为，圣餐中的酒和饼只是在抽象意义上化为了基督的血和肉，对灵魂的滋养与对身体的营养并无差异。天主教则认为这里的血与肉应该取其字面意思，哪怕酒和饼的感官属性还是原样。然而，除了进入信念的部分以外，我们对酒并没有任何概念。要么：① 这个，那个，或另一个是酒；② 酒具有一定的属性。

这些信念均不过是自我告知，我们应该根据具体情况，针对

如何形成清晰的观点

这些我们从特性上认定是酒的东西做出行动。这种促使我们行动的情况可能是某种感知，这种感知的动机是为了产生可以感知到的结果。于是，我们的行动就可以专门针对那些影响感知的元素进行，我们的习惯与行动就有了同样的行为方式，信念与习惯、观念与信念也是如此。结果，当我们提到酒，就只含有那些根据我们感知产生的某些特定的意义，无论是直接还是间接。而当我们发现，我们谈论的某种具有所有酒的特点的东西，实际上却是血，这个术语就失去意义了。现在我无意加入神学争论，举这个例子纯粹是为了说明逻辑学里的问题，我也并未期待得到神学家的回应。我只是想证明，一个唯独与可感知的影响无关的观念是多么不可思议。无论是就何事产生的观念，都是根据其可感知的影响而来的。如果我们幻想还有其他的情况出现，那么我们就是在自我欺骗，把附属于思想的感觉也看作了思想的一部分。说思想中包括有与其唯一的功能无关的东西，这种做法十分荒谬。对于天主教和清教教徒来说，如果他们已经就一切可感知的影响都达成了共识，然后竟然对圣餐是否变成宝血还会存在异议，那真是太愚蠢了！

看上去，获得明确认识的规则如下：考虑一个我们已经有了概念的事物时，要看它会产生什么实际结果，对现实世界有什么影响。这些影响就是概念的全部。

第一部分　偶然与逻辑

三

现在我们用几个例子来说明这一规则。先来一个最简单的："坚硬"是什么意思。很明显的一点是，很多其他物质不能在坚硬的物体表面留下刮痕。与其他属性一样，这一概念完全存在于感知到的影响或结果中。只要未经检验，坚硬的东西和柔软的东西之间是没有差别的。我们设想一下，如果一颗钻石可以在柔软的棉制垫子中形成，而且直到烧成灰为止都不会从垫子里面出去，于是我们说，这颗钻石是柔软的。这是不是错误的说法呢？这个问题听上去有点儿愚蠢，也的确如此，除非是从逻辑的角度对其进行讨论。在逻辑学层面，相比实质的讨论，这样的问题通常能更加有针对性地解决逻辑原则问题。在进行逻辑学研究时，我们绝不能仓促地下结论，而要绝对精心细致地进行思考，从而真正解决问题。在当前这个问题中，我们可以换一个问法，为什么我们不能说：所有坚硬的东西在被触摸之前都是柔软的，在被触摸的瞬间，某种压力会让它们变得坚硬起来，直到它们被摧毁为止。回答如下：这种言论在形式上没有错误。它只是改变了"坚硬"和"柔软"这两个词的用法，而不是意义，因为它们本身并不能体现任何与其意义不同的事实，只是用一种更笨拙的办法对事实进行了重新排列。这也让我们注意到，在某些基本不可能发生的情况下产生的问题,其实无关事实本身,只不过涉及最为明显的事实安排而已。例如,自由意志与宿命,刨除一切冗杂的空谈,用最简单的形式来说,大概如此:我做了一些自认为羞耻的事情。我可以用意志的力量来拒绝诱惑吗?从哲学角度来回答,这就不是一个关乎事实的问题,而是关乎事实安排的问题,即对事实加以安排,从而最恰当地展现我的问题。也就是说,我应该因自己的错误行为而责备自己。如果我原本希望做的事情并不是我实际做了的事情,我本应该根据我的意愿行事,那么这样说是完全正确的。此外,为了展示另一个重要的方面,我们也可以换一种方式来呈现事实,即当某种诱惑得到实践后,它就会产生一定的影响(如果它有这种能力的话),让我陷入挣扎与纠结之中。这也是完全正确的。这里不会产生矛盾。归谬法(reductio ad absurdum)即是从命题中推导出矛盾,从而证明原命题的错误性。自由意志的讨论涉及许多问题,我也无意说明上述两个命题都是同样正确的。相反,我认为,一个命题与某些重要的事实相悖,而另一个则不然。但是,我实际上想要说的是,这个问题是上面的全部疑虑的根源。如果不是这个问题,矛盾可能就永远也不会出现,而通过我之前提出的方法,这个问题已经得到了圆满解决。

然后,我们来研究下"重量"。这也是一个很简单的例子。

第一部分　偶然与逻辑

如果我们说某件东西很沉重，意思很明确，如果没有受到相反的力，它就会掉到地上。至于如何掉落等问题，我们暂时忽略不计，这些是物理学家讨论的事情。很明显，这就是重量的概念。某些因素是否会影响重力？这也是合理的提问，然而，当我们说"力"的时候，意思仅包括它产生的影响。

于是，我们需要给"力"这个概念做出一个概括的解释。这个伟大的概念产生于17世纪早期，起初的想法很简单，之后不断发展，帮助我们解释物体经历的运动变化，思考物理现象。它随后促使了现代科学的出现，进而改变了世界。除了某些更为特殊的用途之外，它还在引领现代思维、深化现代社会发展方面起到了重要的作用。因此，它值得我们努力加以掌握。根据我们的规则，首先我们应该探索"力"最直接的作用。这个问题的答案则是它会带来运动。如果不对物体施力，所有运动的速度和方向都不会发生任何改变。另外，运动的变化永远不会突然出现。方向改变永远会通过曲线来体现，而不会是尖锐的折线。速度的改变则是通过角度来体现。几何学家将力的渐变过程归结为"平行四边形法则"。如果读者尚未知晓这些知识，我下面会做一下解释，希望大家认真学习，这对大家也是有好处的。但是，如果读者实在连一点数学知识都接受不了，也可以略过接下来的三个自然段。

如何形成清晰的观点

轨迹是一条线，有起点也有终点。如果两条轨迹的起点和终点相同，则称两者等价。所以，以下两条轨迹 *ABCDE* 和 *AFGHE*（见图3）就是等价的。如果两条轨迹起点不同，但是平行地移动其中一条，将它的起点与另一条轨迹重合，则两者的终点也重合，那么两者也是等价的。通常人们认为，当一条轨迹的起点是另一条轨迹的终点，就可以说它们是几何加总。于是，轨迹 *AE* 就可以看作 *AB*、*BC*、*CD*、*DE* 之和。在图4的平行四边形中，对角线 *AC* 是 *AB* 和 *BC* 的和。或者说，由于 *AD* 在几何上与 *BC* 等价，*AC* 就可以看作是 *AB* 与 *AD* 的和。

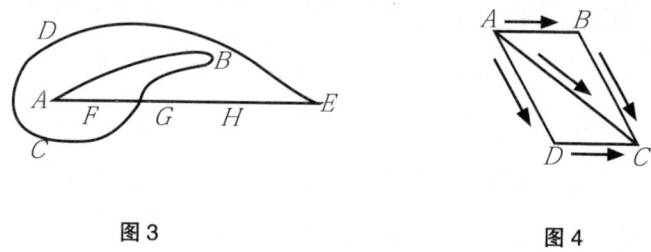

图3　　　　　　　　　　图4

以上只是纯粹的人为规定，它要说的基本意思是，我们选择称之为"轨迹"的东西都有着等价或相加的关系。不过，尽管是人为规定，它依然是有理有据的。几何加总的规则不仅应用在轨迹方面，还包括其他可以用轨迹来表示的东西。一条轨迹是完全由离开起点的方向和距离决定的，因此，如果某个事物的起点和终点也是由两者之间的方向和距离决定，那么它就可以用一条线来表示。相应地,速率也可以用线来表示,因为它们只有方向和大小。加速度,即速率的变化,也是如此。这一点在速率方面表现得十分明显。在加速度方面,如果我们精确地考虑速度与位置的关系,即变化的状态,以及加速度与速度的关系,那么"加速度也是线性"的这一点就显而易见了。

这个所谓的"力的平行四边形"不过是一项计算复合加速度的规则,通过轨迹来表示加速度,通过几何的方式把轨迹相加。然而,几何学家们不仅使用"力的平行四边形"来将不同的加速度进行复合,而且也会将一个加速度进行分解。假设AB(见图5)用来表示某加速度。对于任何一个受它影响的物体,在运动了一秒之后,它会处于一个新的位置,即会处于与运动未发生变化的情况下不同的位置;任何一条与AB等价的轨迹都会造成同样的位置变化。这种加速度可能被认为是AC与CB代表的加速度的总和。我们还可能将它看作是由AD与DB代表的不同的加速度的和,而AD与AC则是正好相反的两个量。明确的一点是,AB可以通过许多方法分解成两个加速度。

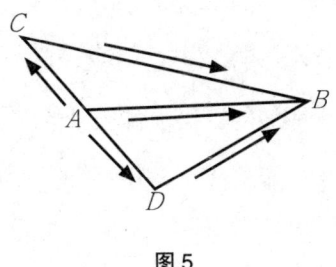

图5

希望这个关于"力"的概念的复杂解释不会让读者失去耐心。

现在我们终于做好了准备来说明这个概念中包含的事实——如果物体不同部分的实际运动变化分别通过各自适当的方式分解，每个元素的加速度完全与自然法则的规定相一致，在相对位置上的物体（我们讨论的物体当前实际的位置[1]）受到的加速度保持不变，然后用上面的几何方法把这些加速度合起来，就得到了该物体的整体加速度。

这是"力"这个概念表达的唯一事实。只要克服困难，掌握了这个事实，也就完全掌握了"力"的概念。我们说力是加速度，或者说力造成加速度，这纯粹是一个语言准确性的问题，不会影响它的实际意义。就像同样是表达天冷，法语说"Il fait froid"，而英语说"It is cold"。不过，这个简单的问题造成了人们思维的混乱，这一点还是很让人惊讶的。许多写得"入木三分"的文章都将"力"这个概念描绘成一种"神秘的实体"，也说明了作者从未对这个词语的含义有过清晰的概念。最近关于"分析力学"的一项重大研究成果表明，我们已经准确地了解了力的效果和影响，但我们并不知道"力"这个概念到底是什么。这是一个明显的自我矛盾。"力"这个词在我们脑海中激发的思想，唯一的作用就是影响我们的行动，而我们的行动只能体现"力"的

---

1 速率可能也要考虑在内。

效果和影响。于是，如果我们了解这些影响到底是什么，那么我们就熟知了提到"力"这个概念的同时所表达的事实，再无其他。而实际上，也许一个问题真正表现的是一些人们无法理解的、模糊的思想观念。当某些吹毛求疵的哲学家遭遇这种荒谬的情形时，他们就会在积极与消极的概念中间创造出一条没有实际意义的界限，让他们的空洞思想不至于显得过分不符合理性。稍做回顾，我们就会发现其明显的无效性。此外，凡是求真的人，一定会注意到这种界限的诡辩性质。

四

下面我们讨论一下逻辑学的问题。逻辑学里有一个特别值得关注的概念——"真实"。从熟知与否的层面上来说，其清晰度无可比拟，即使孩子也会充满信心地对其加以使用，从不会觉得自己存在理解上的困难。

然而，对其在下一个阶段上的含义，即给出抽象定义，可能许多人都会感到困惑，包括那些有一定思想深度的人。想要得出这一层面上的定义，也许可以从现实与其对立面——虚假之间的差异入手。虚假的事物来自人的想象，带有人们思想的印记。这些特征同时不受人们思想的左右，也是一种外在的真实。然而，也有一些由思想产生的现象，这些现象可以说是真实的，因为确实有我们思考的成分。不过，尽管它们的特征源自我们的思考活动，但它们并不依赖于我们的思想内容。于是，如果一个人确实做了某个梦，这个梦就作为一种精神现象切实存在。他做着这样的梦，梦的内容与别人认为的内容无关，也与该内容内的所有观点都完全无关。从另一方面来看，我们先不考虑做梦这个事实，仅考虑梦的内容。梦的内容是独特的，因为除了做梦，没有其他方式可以拥有它。所以，我们可以把"真实"定义为其特征与任何人的观念无关的事物。

然而，不管我们得出的定义多么令人满意，我们绝不应该以为，它就已经让"真实"的观念完全清晰了。接下来，我们要用自己的规则来加以分析。根据我们的规则，真实和其他属性一样，存在于相关事物带来的特殊的、可感知的影响中。现实的事物能够产生的唯一影响就是信念，因为它们激发的所有感觉都会以信念的形式融入我们的意识。于是，我们的问题就变成了如何区分正确的信念（或者说真实的信念）和错误的信念（或者说虚幻的信念）。那么在第一篇文章中，正确和错误的思想在得到充分发展之后，都可视为解决不同观点的分歧的专门的科学方法。一个人若是武断地采纳某个观点，依然可以使用"真实"这个词，强调他坚持这个选择的决心。当然，坚持永远不会是唯一的方法，因为推理比它要普遍得多。不过在黑暗的中世纪，我们还是发现了一些贴切的例子。司各特·爱留根纳（Scotus Erigena，爱尔兰哲学家、诗人）写了一首诗，主题是"苏格拉底因赫拉博而死"[实际是"苏格拉底死于毒芹"，爱留根纳将"毒芹"（hellebore）的英文单词错误地当成人名赫拉博（Helleborus）]。爱留根纳毫不犹豫地告诉心存疑惑的读者，赫拉博与苏格拉底是两位杰出的希腊哲学家，在一次争辩中，苏格拉底不敌赫拉博，他对此事太过在意，竟因此而死。一个人所持的观点如果毫无根据，只不过是信口开河，我们还怎么能指望他心怀真理呢？我想，苏格拉底如果在争辩中落败，他的灵魂应该会欣然接受，因为他可以从中学习；这与这位注解作者的天真观点形成了鲜明对比。对于后者，讨论可能不外乎是一种挣扎。当哲学从漫长的沉睡中苏醒，在神学还未完全对其控制之前，似乎每个学者都在尽其所能，发现尚未被他人陈述的观点，为自己设防，不时也会卸下防备，与他人斗争一番。于是，虽然掌握的争辩记录很少，但足以让我们了解很多学者关于唯名论与实在论的观点。在《我的苦难史》(*Historia Calamitatum*)的开篇中，我们就可以看出阿伯拉尔（Abelard）和其同时代哲学家一样的斗争精神。对于他而言，真理就是堡垒，就是基地。在"权威法"盛行之时，真理也不过代表着天主教信念。教会神学家绞尽脑汁地想要调和亚里士多德与教会的观念。翻遍他们那些冗长的文书，几乎每一段都是这样。值得注意的是，在不同的信念同时出现时，变节者会受到鄙视，为人所不齿；就连与他们同一信念的一方也会持有同样的态度。于是，忠诚替代了真理，变得至高无上。自笛卡尔以来，真理这个概念的缺陷开始逐渐模糊。不过，拥有科学头脑的人有时会注意到，相比寻求事实真相而言，某些哲学家更倾向于寻求与其体系相吻合的信念。用引证事实的方法很难说服一个先验主义者，然而向他证明他持有的观点与他在另一处的论述不符，则很容易让他服输。这些人不相信辩论会有停止的一天，他们觉得，某种观点即使对某个人来说可能是自然而然，但对另一个人来说却并非如此。所以，信念是永远无法和解的。为了获得满足，他们固守自己的观点。但是，同样的方法只会让观点不同的人得到另外的认识。他们手中的真理是多么脆弱，于此可见一斑。

从另一方面来说，科学的追随者都相信，只要研究足够深入，每个问题都会得到唯一的解答，从而加以应用。若想研究光速，人们可以去研究金星的运行和其他恒星的像差、火星的反相和木星卫星的缺蚀、菲佐方法、福柯方法、利萨茹曲线运动以及动态和静态电学比较法等。也许他们起初得到的结果互不相同，但是随着方法和步骤的不断完善，这些结果一定会不断接近，向某个结论收敛。所有的科学研究均是如此。不同的思路也许一开始互相对立,但是随着研究的进行,会有一种外力推动它们走向同一个结论。这种思维活动会带我们走向一个确定的结论,就好像命运的驱使一般。对持有的观点加以修正,另选事实加以研究,转变看法,都不会让人逃脱注定会得出的结论。这个伟大的法则存在于真理与真实的概念中。我们所说的真理,实际就是指那些注定[1]让所有研究者都达成绝对共识的观点,该观点代表的对象就是真实的。这就是我对于真实的解释。

但是人们可能会说,这种观点与我们对真实的抽象定义相反,因为它表明真实的特点源自人们对它的看法。不过在这一点上,人们给出的回答是,从一方面来说,真实具有独立性,不一定是独立于全体人类的看法,而是独立于个别人(你、我或更多人)的看法。于是,从另一方面来说,尽管最终看法的对象取决于这个看法究竟是什么,但是它是什么并不取决于个别人的想法。只要人类尚且存在,我们的人性就可能会无限期地推迟观点的和解,甚至可能会造成某种武断的主张为大众所接受。但就算是这样也不会改变信念的本质,只要研究得足够深,最终得到的必定是信念。如果在人类灭绝之后出现了另一个智慧物种,同样

---

[1] 这里的"注定"(fate)仅指一定会实现且无从避免的东西。若认为某一类型的事件是注定的,则是一种迷信的想法。如果说"注定"这个词永远与迷信脱不了干系,也是不合理的。比如我们都注定会死去。

有着研究的能力与天性，那么真实的观点就是他们最终得出的结果。打入地底的真理还会重现。从研究中最终得出的结论与任何人的想法均无关，但如果说它为真实，则一定源自研究注定导向的事实。所以只要研究得足够深，最终定会走向信念。

也许有人会问，那些名不见经传的历史事实要做何解释？它们在史书的周转中流失，渐渐被人遗忘，成为永远的秘密，淹没于历史的洪流。

几多宝石流光溢彩
却曾在深海洞穴度日如年
几多花蕾生而娇嫩
却在沙漠中挥洒了香甜

这些东西不为我们所知，所以它们就真的不存在吗？那么诚如某些科学家所预测，宇宙终将会陷入死寂，所有生命终将消失殆尽，那么因为没有人见证，所以原子碰撞也不复存在了吗？对于这一点我想说，虽然没有一个确切数字可以表明已知事物与未知事物数量的关系，但是说研究不会为已知问题带来确切的解决方案，这是不符合哲学原理的，毕竟我们的前提是该研究要足够深入。几年前谁又会想到，我们会发现某些恒星的组成物质，而

第一部分 偶然与逻辑

这些星体离我们的距离可能比人类的历史还要长？谁又能保证，我们在几百年后知道什么、不知道什么？谁又会知道，继续进行科学研究一万年之后，会产生什么样的结果？如果研究持续进行几百万年、几十亿年，或者更长时间，我们又怎么敢说某个问题永远不能得到最终解决呢？

但是有人也许会反对："想那么遥远有什么用？何况原则实用才有意义。"我必须承认的一点是，如果一块石头在完全黑暗的海底，那么我们说不说明这个事实其实并没有很大的差别。也就是说，这块石头也许明天就会被打捞上来，所以说明与否可能没有很大区别。但是海底还会有宝石，无人涉足的沙漠也会有花朵，这些前提可能更关注的是语言的安排运用，而不是对我们思想上的影响，就像我们说"在不对其进行挤压的时候，钻石就是坚硬的"是一个道理。

然而对我而言，通过对规定加以应用，我们已经对"真实"这一概念有了自己的理解。关于这些思想所依据的事实，如果我们要在那些使用科学方法坚定信念的人群中宣传形而上学的本体论，使其被广泛接受，那我们也许就不应如此草率地对该观点的唯一性做出判断。然而，形而上学是一种令人好奇的东西，虽然并不见得实用，所以关于它的知识就像没有露出海面的礁石，主要的作用还是让我们对其敬而远之。这里我不再用本体论的知识来折磨读者，因为在这一层面我所做的讨论已经超出了预期的范围。我也已经给读者讲解了部分深奥难懂的数学和心理学知识，恐怕我的大部分读者已经至此弃书，只有编校人员看过相关的内容了。但我依然相信这个话题的重要性。逻辑之路没有坦途，卓越的思想只能通过细心的思考才能获得，别无他法。不过我知道，普罗大众更喜欢朴实俚俗的思想。在下一篇中，我会把视线拉回到比较简单的讨论上。经历了本篇考验的读者在阅读下一篇时，一定会有所收获，且看这种看似乏味的方法如何在科学推理中发挥重大的作用。

至此，我们尚未跨越科学逻辑的门槛。当然，让思想变得清晰至关重要，但是失去了真实，可能清晰也就失去了意义。在之后的几篇中，我们将更加深入地就这一话题展开研究。孕育多种形式、多个领域的有价值的思想，推动文明的进程，树立人类的尊严，这是一种艺术。这门艺术尚未被归结为原理，我们只有探究科学史才能略见端倪。

第三篇　关于偶然的学说[1]

一

人们普遍认为，科学最初是通过量化才变得精确，而精确科学（exact sciences）则首推数学。化学家一开始的推理并不明确，直到拉瓦锡展示了如何用平衡的概念来检验各种化学理论，于是化学一下子变成了精确无疑的科学的一个典范，所以我们经常把它与光学、热学、电学等等量齐观。然而，后几门学科主要是对普遍法则的研究，而化学则仅限于研究某一类物质的关系与类别。所以，化学实际与植物分类学、动物学属于一类。不过，与这些学科相比，我们可以明显发现化学从量化处理中获得的优势。

就算是最简单的量化标准，比如矿物学家用来区分硬度的标准等，都有一定的作用。单单是计算出雌蕊和雄蕊的数量，这种

---

[1] 参见1878年3月《大众科学月刊》。

简单的方式就足以让植物学脱离混乱的状态。不过，数学处理方法的优势更多地来自测量而非计数，更多的来自连续的量而非离散的数。数字只不过在我们的思维中建立了一个准确的量，虽然有一定的好处，但极少能发展成崇高的思想，更多地是化成了一些平淡无奇的东西。培根所说的两个派别，一个注重差异，一个注重共性，对数字的使用可能只对数字较少的一方有所帮助，而对其过分使用又会导致思想变得狭隘。但不管通过何种方式追求精确，"持续的量"这个概念都有很大的用处。它本身就是最精细的归纳工具，绝无放大差异之虞。若一位博物学家要研究某一物种，他会搜集许多类似的标本。经过仔细的观察后，他会发现其中一些在某个方面有相似之处。例如，它们可能都有一个S形的标记。他发现，这些标本并不是完全相似，比如它们的S形标记可能形状并不是完全相同。不过，由于这些差异我们可能会发现，这些标本的任意两个之间都存在某种模式，在它们之间建立联系。然后他发现其他的模式可能差异非常明显，例如有的标记可能是C形的。问题是，他是否可以找到在这个标记和其他标记类型之间建立联系的中间项。在某些情况下，有些起初他觉得不太可能实现的，但最终却是成功的；而有些起初觉得可能的，最终却没有找到。这样，他从自然的研究中就问题的特征建立了一个新的概念。例如，他获得了这样的观点：一片叶子中包含花朵的各个部分，椎骨中包含头骨。我也不必解释其中的逻辑动机。这就是博物学方法的精髓[1]。用这样的方法，他先后得出不同特点，最终得出某个动物种群的概念。一个种群中个体的差异无论有多大，都有一定的局限，这里我们也不会再多涉及。随后我们也会讨论完整的分类方法，但是目前我只想指出，博物学观念的构成是通过持续性的观点或者模式之间的过渡来实现的。目前，博物学家是伟大的观念构建者，这一点是其他科学领域望尘莫及的，我们也必须在逻辑学中师从他们。"连续性"这一概念能够极大地帮助形成真实的、合理的观念，这一点也是随处可见的。通过这种方法，我们可以将巨大的差异分解开来，在不同程度的基础上加以解决。不断采用这种方法对于观念的扩展有着很大的价值。我建议大家好好利用这一观点，至于那些因为对其忽略而产生的谬论，已经对哲学产生了很大危害，所以我们应该对其进行更进一步的研究。当下，我希望所有读者都能对该观念的使用加以注意。

在数字研究方面，连续性是须臾不可或缺的。就算是在不存在连续性的地方，人们也在不断地引入这个概念。例如，美国

---

1 本书正文第159页和第200页说明连续性也是数学推广的基础。另见《鲍德温哲学词典》中的"连续论"词条。

平均每平方英里人口数为 10.7 人，纽约每栋房屋的住户人数为 14.72 人[1]。另一个例子是凯特勒（Quetelet）、高尔顿（Galton）成功地将误差分布用于生物学与社会学的研究。将连续性用于实际上不存在持续性的实例中，也说明了另一个方面的问题，这里需要单独加以说明——虚构有时候也在科学中有着重要的作用。

二

概率论就是量化的逻辑学。对任何前提而言，概率都有两种必然的情况，即真实的必然情况与虚假的必然情况。在积分演算中，数字 1 和 0 就代表着知识的两个极端。我们大致可以这样说，两者之间的数字代表着证据倾向哪一端的程度。一般来看，概率论的问题就是，根据给定的事态，量化地确定某一事实发生的可能性。这就相当于在证明或证否一个事实上，某个事态的价值有多大。于是，概率的问题也就归约成了逻辑学的普遍问题。

概率是一个连续的量，所以用这种方法来研究逻辑学是有很大好处的。有些学者的研究表示，通过概率微积分的方法，每一

---

[1] 人们熟知，这种思维方式与精确数字的关系很大，于是很多肤浅的作者用它来冒充严谨，哪怕实际上漏洞百出。有些故作学术的报纸会滥用"平均"这个词，把"大多"当成"平均"，而根本不知道什么才是"平均"。

个可靠的推理都可以根据有限范围内的数字，通过合理的算术运算来表示。如果这一点属实，那么逻辑学的主要问题，即对某一事实的观察如何给予我们另一无关事实的知识，就简化成了算术的问题。这样看来，在对这个悖论进行更深层次的解读之前，最好了解一下这个观点。

不过，概率论的学者在这一方面并未达成共识。在我看来，它应该是数学所有分支中最容易得出错误结论的一个。在基础几何中，推理往往会得到看似荒谬的结果，但基本不会有错误的结论。也许我们会问，是否存在具有广泛性的概率学专著，其中不存在错误的结论。这种探问部分源自对常规方法的需求。由于这一课题中含有太多微妙的东西，因此没有这类方法的帮助，很难把其中的问题简单地进行公式化解决。然而在此之外，微积分的基本原则多多少少地存在着一些争论。对于实用导向的问题，可疑之处相对较少。然而，将微积分扩展到其他领域的工作尚未取得共识。

要想克服上面所说的最后一个难题，唯一的方法就是在脑海中对概率形成清晰的观点，方法详见上篇文章。

三

若想就概率形成清晰的观点,我们需要考虑不同程度的概率之间真实的、可感知的差别。

毫无疑问,概率只对某些推理特别有用。洛克(Locke)对此是这样解释的:"注意到这一点之后,一位数学家肯定地认为,三角形中三个内角之和等于两个直角之和,这是因为他掌握了几何证据。"他又表示:"但是有另一个人,他从未付出任何努力进行观察和证明,他只是听到一位著名数学家的言论,表示三角形中三个内角之和等于两个直角之和,于是他也表示赞成这一观点,即作为一个正确的观点加以接受。在这个实例中,他表示赞同的基础是该事件的概率,其证据很大程度上会是正确的。接受这个证据的人,通常不会提出任何反对的或是在他所掌握知识之外的主张,尤其是在这种情况下。"洛克的《人类理解论》(*An Essay Concerning Human Understanding*)中包括许多类似的段落,这些段落完成了最初几个步骤的深层次分析,但并未做进一步的发展。本文集的第一篇说明,推理是否有效与人们是否倾向于接受它无关,无论这种倾向有多么强烈。然而,普遍的事实是,如果论证的领域为真实的,则与之相关的结论也为真实的。值得注意的是,从逻辑学看来,任何一个论证都不能被孤立地来看,而是要放到由同样的方法构建起来的论证"类"中来看,也就是若前提为真结论也必然为真的论证。一个论证如果是演绎的,那么它就永远为真;如果是或然的,那么就是在大多数情况下为真。如洛克所说,或然性的论证"大部分为真理"。

根据这一说法,不同概率程度之间真实的、可感知的差异就是,在对两种不同推理模式的经常性运用中可以发现,某一程度比另一程度更经常地具有真实性,这也就是区别的意义所在。很明显,这是事实中唯一存在的差别。在某些前提下,一个人得出了某个结论,只从推论本身出发,唯一有意义的问题就是结论是否为真,存在与不存在之间是否存在某种中间项。巴门尼德(Parmenides)曾说:"只有存在是存在的,而非存在是完全不存在的。"这一观点与我们上一篇文章对"真实"这个概念的分析完全一致。我们发现,真实与虚幻之间的差别在于,充分的研究是否会让某个观点被普遍接受,而其他观点均遭拒绝。这一预想关乎现实和虚幻的概念,需要将二者完全分离。这也属于人类思想中非黑即白、非天堂即地狱之类的问题。然而,长远看来,概率论的观点还以某种固定比率与某个事实对应,给定的某种推理模式有时有效,有时则不然。我们接连不断地进行某种类型的推理,在最初的十几个或几百个实例中,成功的比率可能有着极大的波动性。但是,如果有成千上万个案例,波动就变得越来越小了。只要我们能够尽量将推理持续下去，这个比率就会愈发贴近某个固定的限值。因此，我们也许就可以通过实例的比例来对某种概率进行定义。

从前提 A 到结论 B 的推理依赖于相应的主导原则。如果 A 中的某个事实是真实的，则 B 中的事实也是真实的。这种概率由某种分数组成，分子是 A、B 均成立的次数，分母是 A 成立的次数（B 不考虑）。就算不称其为推理概率，我们将其称为"在 A 发生的情况下 B 也发生"的概率是不会有人提出异议的。而对于 B 的概率，条件里没有给出，在这里也就没有意义。的确，当条件真正的含义十分明显的时候，我们也容许省略的情况。但是我们应该尽量避免这样的习惯（该习惯是非常普遍的），因为这样会导致思考的模糊。就像某种带来因果关系的行为要么决定某事件的发生，要么决定它不发生，或者是让它要么更轻易地发生，要么轻易地不发生，从而于发生[1]这个概念产生某种内在概率。我认为很清楚的一点是，在概率论的运用中出现的那些最糟糕的、最持久的错误都是源自这个表达[2]的恶性循环。

1　比较本书正文第 166 页及其之后。
2　此处提出的概率概念首先由韦恩（Venn）先生在《概率的逻辑》中发展而来。当然，对该思想模糊的了解一直存在，然而现在的问题是让它发展得更为清晰。首倡者当推韦恩先生。

四

不过，还有一个关键的问题需要澄清。根据我们的讨论，概率的观点从本质上看属于一种可以无限期重复的推理。就单独的某次推论而言，要么全对，要么全错，无所谓概率。单次实例没有概率可言。如果一个人要在有 25 张红色卡片和 1 张黑色卡片的一叠卡片中抽取卡片，或是从有 25 张黑色卡片和 1 张红色卡片中抽取卡片，且如果抽到红色，他就会获得幸福，而抽到黑色则代表不幸，那么他当然应该从红色卡片较多的一叠中抽取。不过，因为不能重复，所以依然存在着风险。这一点与我们之前谈过的概率论是很难调和的。然而，就算他选择了红色多的那一叠，最后还是抽到了黑色，又该如何宽慰他呢？他也许会说，自己完全是按理行事，但是在他身上，道理仿佛还是成了无用的东西。而就算他抽到了红色，也许还是会当成一次幸运的意外。倒不是说如果他从另一叠中抽取，他就会抽到黑色，因为"如果 A，那么 B"这种前提对于单个实例来说是没有意义的。真理在于真实的前提所对应的事实。与"如果 A，那么 B"这个前提对应的事实也许是"只要 A 发生，B 就会发生"，但是在我们的虚构实例中，只考虑这个人的话是没有可比性的，"他如果从另一叠中抽取，就会抽到黑色卡片"这种说法就没有依据。的确，有效的推理离不开真实的前提，如果前提属实，结论也就属实。唯一与这种前提对应的事实是：只要前件 A 为真，则后件 B 也为真。就此而论，从个别实例中进行推理是没有意义的。

这些想法的出现首先是为了排除上述的难点。然而，穷举是做不到的。比方说，如果我们试验一千次，然后把成功和失败的比例得出来，那么这很有可能就是大概率的结果。但是，如前所述，这不过是说：概率的结果迟早会显示出来而已。

在人的一生中，或然事件的数量、可能的推理数量是无穷的，于是人无法完全肯定最后的结果会与概率一致。那么，即便我们把所有已经发生的或然事件都考虑进来，他也不能肯定一定不会失败，而他的境况与之前相比也不会有什么质的变化，最多是量的变化。概率论中毋庸置疑的一点是久赌必输。就算他采用了鞅的方法（有些人觉得这种方法是不会出错的），而据我所知，这种方法通常不允许在赌场中使用。在这种情况下，他首先赌 1 美元，如果输了就要赌 2 美元，再输了就是 4 美元，然后是 8 美元。之后他如果赢了，就一共输了 1+2+4=7，赢了 1 美元。他无论输了多少，只要赢了一次，就会比最初的时候多得 1 美元。用这种方法，他一开始也许会赢，但是最后总会有用尽运气的时候，没有钱再抵押，于是不得不放弃所有的赌注。可能还没等到赢得足够的钱，他就开始输了，然后变得比开始的时候还要穷。这个情形是一定会发生的，不过是早晚而已。的确，不管赌注有多大，只要银行付得起，他总是有机会赢到手的。但是，这会导致一个著名的悖论：尽管他最后一定会失败，根据通常规则（这种规则没有考虑他必然会输的情况）看，他预期能获得的价值仍然是很大的。然而，不管这个赌博者使用这种方法还是其他方法，可以肯定的是，只要他持续的时间够长，失败就一定会出现，之前赢到的全部也就付诸东流。

对于保险公司来说也是同样的情况。他们会努力规避所有的重大灾难，但精算师依然会告知主管，根据概率论，损失总会发生。他们可以借助一些巧妙的手段平安渡过危机，但是之后他们的起点会比之前更为薄弱，然后很快损失会再次发生。精算师也许更倾向于否认这一点，因为他知道，自己供职的公司期望值很高，或者说（忽略利率）可能是无限的。然而对于期望值的计算可能不会考虑我们上述提到的忧虑之处，因为它很可能带来极大的反转结果。不过，我并不是说保险在这一方面与其他业务相比就具有了很大的缺陷。所有的人类活动都与概率有关，类似的事实也随处可见。如果人可以长生不老，那么一定会有一天，所有的信念都变成背叛，让人深陷无望的痛苦之中。和财富消失、朝代瓦解、文明陨落一样，曾经的辉煌只会变成今天的幻灭。为了避免这种情况的发生，我们就有了死亡。

但是如果没有死亡,活着的人身上会发生什么呢?无论如何,死亡一定会发生在部分人的身上。同时,死亡也让或然事件、或然推理有了一定的限度,让平均数实际上变得不可知。概率和或然性推理建立在数量无穷大的基础上。于是我们遭遇了和过去一样的难题,难以找到解决的办法。在我看来,似乎我们都受到了这种观点的驱使,即逻辑无情地要求我们不能把兴趣局限在自己身上,而要扩展到所属的群体;甚至也不能局限在群体上,而要扩展到一切我们能够直接或间接地发生思想关联的事物上。我们的视线必须超出当前的地质时期,要越过一切界限,不管我们的视线多么模糊。我认为,一个人如果不能为了世界的利益而牺牲自己,他就不是一个懂逻辑的人。逻辑是扎根于社会原则中的。

一个讲究逻辑的人不可以是自私的。他不像别人想象的那般自私。有意地实践自己的愿望并非自私。守财奴并不是自私,他的钱财并不会给他带来任何好处,他在乎的是自己死后这些钱会带来什么。我们总是在谈**我们**在太平洋上的产业领地,谈论我们这个国家的命运,从不谈及个人利益,显得我们把视野放得更加远大。我们也会焦虑地讨论,几百年后煤炭资源很可能耗尽,上亿年后太阳可能也失去了光辉。许多宗教信条中也都离不开舍生取义、为救赎他人而下地狱的佳话。

就逻辑学而言,一个人做出自我牺牲的英雄壮举,未必需要这种做法符合逻辑，而只需要他认识到这种壮举具有可能性。他只要能参照这个标准看待自己的推理，这一推理就可以被视为具有逻辑的思想。

这种方式让逻辑性变得简单易懂。有些时候，我们可以在自己身上实现英雄主义。一个冒着危险爬上墙壁的士兵一定知道他很可能会被子弹击中，但他并不在乎。他也知道，如果自己所在的队伍一起冲锋进攻，也许就会拿下这个要塞。我们之前例子中那个抽牌的人，他如果不懂逻辑，却从红色多的那一叠中抽取，这也许仅仅只是一种习惯。他如果懂得逻辑，而关心的仅仅是自身的命运，那么也不能被看作一个讲究逻辑的人。他如果考虑了所有可能的状况，看待每一种情况都不会有偏心，他才能以逻辑的方法行事，从红色的那一叠中抽取卡片。因此，尽管逻辑学家不一定能完成英雄壮举，但是为了坚持逻辑，也会去模拟这种勇气带来的效果。

然而，所有这些都需要我们对个体的利益与无限集体的利益有所认同和了解。当前，认为人类或任何高等智慧的种族会永存，这种想法是无理可循的，后面我们也会对这一点加以讨论。而从另一方面来看，我们也找不到反对的理由[1]。幸运的是，根据

---

[1] 在这里我不是要表明完全不可知的意思。随着时间的推移，证据会说明一切可能的情形。虽然在随后的时间中，该证据可能不再有效，但之后总会出现新证据。

总体的要求，我们应该持有某种观点或感情，也没有什么事实可以阻止我们怀有某种希望，那种平静愉悦的希望，希望这个群体可以一直存在下去，不受任何规定日期的制约。

　　我提出将无限群体的利益、认同这种利益至高无上的可能、对思想活动无限延续的希望这三个方面作为逻辑不可或缺的要求，可能有些奇怪。然而，我们不妨想一想，逻辑依赖于摆脱疑惑的努力，而在行动无法进行时，情感便会开始发挥力量。此外，我们之所以要依靠推理来摆脱疑惑，唯一的原因是其他方法不符合我们与他人交往的冲动。那么，在推理中发现社会的根源又有什么好奇怪的呢？对于我认为必要的另外两种观点，它们仅作为支持和附属品存在。让我觉得有趣的是，这三种观点似乎与"信、望、爱"十分相似。圣保罗认为，这三个要素是最伟大、最高尚的思想天赋。《旧约》和《新约》都不能被看作逻辑学的教科书，但显然后者在评判人的天性禀赋方面具有较高的权威。

五

　　我将这样的平均数字——例如每平方英里的居民数、每周的死亡人数、每个刑事案件的定罪数，或者用更一般的说法，每个 y 的 x——称为"相对数"（relative numbers）。此处的 x 是一类事物,它们与另一类事物,也就是这些 x 的 y,存在着关联。我将 x 称为"相关群体"(relate),而将 y 称为"相关项目"(correlate)。

概率是一个相对的数字,也就是在某一类事物中另一类事物成立的比率。从这一点可以轻易地得出计算概率的规则。由于这些规则非常简单,我们可以在此进行罗列。有时,掌握一些基础的计算法则是很有用的。

规则1:直接计算——直接计算任何相对数字,例如有轨电车旅程中的平均乘客数等。我们要通过以下方法进行计算。

数出每次旅程中的乘客数目,将这些数目相加,再除以旅途次数。有些情况下,我们也可以简化这个规则。假设我们想知道纽约某住所中的住户人数。一个人不可能同时居住在两处住所中;如果他有两处住宅,则在每一处都算半个住户。在这种情况下,我们只需要用纽约所有居民人数除以他们的住宅数即可,不需要分别去数清每所住宅中的人数。如果每个"相关群体"中的个体只能拥有最多一个"相关项目",那就都可以采取类似的方法。我们如果需要知道每个 y 中 x 的个数,且没有 x 同时属于两个或两个以上的 y,那么用 y 中所有 x 的数量除以 y 的数量即可。如果用这种方法去计算每次有轨电车旅程中平均乘客的数量,那就肯定是无效的。我们不能用总乘客数除以旅程数,因为有很多乘客可能会往返多次。

要从给定前提类别 A 和结论 B 中计算概率，只需要确定前提正确和结论正确的比例，也就是只要用 A 和 B 同时发生的次数除以 A 事件发生的次数即可。

规律 2：相对数之和——若两个相对数字有着相同的关联群体，例如求每个 y 中 x 的数量和每个 y 中 z 的数量，我们需要统计每个 y 中 x 和 z 的总数。如果没有 x 和 z 属于同一个 y 的情况，则这两个数字之和就是所需答案。例如，假设我们已知一个人平均有多少个朋友以及平均有多少个敌人，则二者之和就是对一个人有利害关系之人的数量。而从另一种情况来说，如果将体质虚弱的人数与超过兵役年龄的人数相加，以获得享受兵役豁免的平均人数，这是不可行的，因为有许多人同时享受两次或更多次的豁免。

这个规则直接适用的概率是，两个不同的且相互独立存在的事件有可能在同样的一系列情况下发生。例如，已知"如果 A 那么 B"的概率以及"如果 A 那么 C"的概率，则两种概率之和是"如果 A 那么 B 或 C"的概率，只要没有同时属于 B 和 C 的事件即可。

规则 3：相对数之积——假设我们已知每个 y 中 x 的相对数字，以及每个 y 的 x 中 z 的相对数字；或者举个更加准确的例子，假设我们首先已知纽约家庭中孩子的平均数量，之后我们又知道了一个纽约儿童牙齿的平均个数，于是通过这两个数字，我们可以得出一个纽约家庭中孩子牙齿的平均总数。然而，这种方式有两个限制条件：第一，如果同一个孩子同时属于不同家庭，那么结果就不准确了，因为这样的孩子牙齿数量也许会格外多或格外少，从而影响一个家庭中孩子的牙齿平均数量。这种影响要大于对每个孩子平均牙齿数量的影响。第二，如果不同的孩子可以共用牙齿，这种计算也不属实。在这种情况下，单个家庭孩子牙齿的平均总数会与一个孩子牙齿的平均数量有很大差异。

使用这种概率法则，我们必须根据以下条件进行：假设我们已知前提A带来结论B的概率，B与A代表某种类型的前提，我们还已知以B为前提的推论的概率，以及结论C的前提，这就是所需的信息。首先，我们有了每个A中B的相对数量，之后我们也有了每个B中C的相对数量。然而，这两类前提是经过挑选的，所以C在B中的总体概率与C可以从A中推导出的B的概率一致。两种概率可以相乘，来给出C在A中的概率。加法中的限制条件依然存在。从A类事件几种不同命题下会得到B类事件命题，也有可能B从A中得出的概率会受到B类事件命题的影响。但是，从实际的角度看，这些限制条件几乎不会带来什么后果，并且人们普遍认为存在一条通用的概率原则，即"如果A那么B"的概率乘以"如果B那么C"的概率，得出的就是"如果A那么C"的概率。

概率乘法能发挥很大的作用，但还有一条辅助的规则。这条规则并非举世通用,而且用时必须非常谨慎,有两方面需要注意。首先,涉及重大失误时不要使用。其次,如果有机会可以使用的话,不要错过。该规则基于以下事实:"如果 C 为真则 B 为真"的概率与"如果 C 为真则 A 为真"的概率大体一致。举个例子,假设我们现在知道纽约每年出生的男童平均数量,又知道纽约每年冬季出生的男女童平均数量,我们就可以推断,这至少是一个很近似的命题(对于概率学来说没有完美的估算),即在纽约出生的男童比例与在纽约夏季出生的男童比例相同。因此,如果将一年之内出生的所有孩子的名字放入一个罐子中进行抽取,我们可以将抽中男童名字的概率和抽中夏季出生的男女童名字的概率相乘,就可以知道抽中夏季出生的男童的概率为多少。在许多论述此问题的相关论文中,这样的概率问题通常与抽签游戏和纸牌游戏等联系起来。在这些情形下,"事件独立性"的概念非常简单,也就是在假设 A 和假设 B 的前提下,C 发生的概率相同。但是,概率在解决日常生活的问题时,有一个很值得我们思考的问题,即两个事件是否可以有足够的证据被认为是独立的。在纸牌游戏中,为了保证牌之间没有关联,牌一定要洗开。然而,实际情况是,牌很少有完全洗开的时候。因此,在惠斯特纸牌游戏中,一共有四种花色,同花色的牌可能还是会排在一起,哪怕已经洗过牌了。或者说,至少有一些牌没洗开的痕迹。比如,所

第一部分 偶然与逻辑

谓"短套花色"[1]的数量比正确估算的要少,也就是说,由于洗牌分牌不均导致"长套花色"数量增加。所以,当一副烂牌被充分洗过时,我们通常就会说下一把会有很多"短套花色"了。几年前,我有一个很喜欢玩惠斯特纸牌的朋友,他曾经计算过在165手牌中他被发到黑桃的数量。在这一样本中,洗牌彻底程度肯定至少超出了平均水平。最后根据计算,我朋友本应拿到3张或4张黑桃的数量为85手,但实际上他拿到了94手,这个例子说明了洗牌不彻底的影响。

以上就是概率计算的全部基本原则了。但还有一个原则是从人们对概率的不同理解中衍生出来的,这在一些论文中也提到过,如果最后被合理论证的话,那么很有可能成为一个推理理论的基础。虽然我个人认为这很荒谬,但对此进行的思考却有可能把我们带向真理。正是由于讨论这个话题的缘故,我才在学习科学逻辑之初就提前向读者介绍了概率理论。

---

[1] 短套花色:一门花色,四张及四张以上就称为"长套花色",三张、双张和单张称为"短套花色"。

第四篇　归纳的概率[1]

一

我们知道，每一个论据都是从其所属的推理类别的一般真理中得出的，而概率就是这些论据在任意类别中依然为真理的比例。中世纪逻辑学家有一套命名系统正好适用于此。他们把前提表达的事实称为"前件"（antecedent），随之而来的推论称为"后件"（consequent），而从（几乎）每一个前件到后件的原则则被称为"推论"（consequence）。按照这套系统来说，概率完全属于"推论"，任何一个推论的概率等于前件和后件同时发生的次数除以前件发生的次数。由此定义可推导出概率的加法与乘法规则，如下所述。

概率的加法法则——已知两个具有相同前件但不相容后件的推论的概率，则两者之和即为"从同一前件得出两个后件之一"这个推

---

[1] 参见1878年4月《大众科学月刊》。

论的概率。

概率的乘法法则——已知"如果 A 则 B"及"如果 A 则 C"这两个推论的概率，那么两者相乘的结果就是"如果 A 则 B 和 C"这个推论的概率。

专门适用于乘法法则的概率独立规则——已知"如果 A 则 B"及"如果 A 则 C"这两个具有相同前件的推论的概率，又假设"如果 A 则 C"的概率与"如果 A 和 B 则 C"的概率相等，那么前两个推论的概率相乘等于"如果 A 则 B 和 C"的概率。

我们可以通过计算掷骰子的概率来检验这些规则的有效性。比如，一次掷到 6 的概率为多少？这里的前件为"投掷一次骰子"，后件为"掷到 6"，由于一枚骰子有 6 个面，每一面出现的频率都相等，即任意一面的概率为 $\frac{1}{6}$。假设投掷 2 枚骰子，掷到 6 的概率为多少？其中任何一个掷到 6 的概率与只投一个骰子掷到 6 的概率相等，即 $\frac{1}{6}$。而且，其中任意一个掷到 6 的概率和另外一个掷不掷得到 6 的概率无关，因此，这是一个独立概率事件。另外，根据我们的法则，这两个事件同时发生的概率就是各自概率相乘的结果，即 $\frac{1}{6} \times \frac{1}{6}$。那么掷到"一二"的概率是多少呢？第一个掷到 1 点，第二个掷到 2 点的概率和两次均掷到 6 的概率是相等的，即 $\frac{1}{36}$。同样，第一个掷到 2 点，第二个掷到 1 点的概率也是 $\frac{1}{36}$。这两个事件——第一次掷 1 点、第二次掷 2 点，以及第一次掷 2 点、第二次掷 1 点——是不相容的，因此在这里我们运用的是加法法则，也就是两次投掷得到一个 1 点、一个 2 点的概率为 $\frac{1}{36}+\frac{1}{36}$，即 $\frac{1}{18}$。

以此方式，我们可以解决骰子之类的所有问题。如果骰子的点数非常大，数学（或可定义为通过分组提高运算速度的技艺）这一学科就能帮助我们解决很多困难。

二

将概率视为一种事实，即一种事件伴随另一种事件发生的实际比例，被维恩先生称为"实在论"。而与此同时，概念又常被认为是依附于命题存在的一种可信程度，维恩先生将其称为"概念论"。大多数作者将此两种观点混为一谈。他们一开始将某事件的概率作为我们相信这件事已经发生的原因，这是概念论的观点。然而，没过多久，他们又说这是有利的事例占总事例的实际比例，而且每一个事例发生的可能性都是一样的。除了把"发生概率相等"混同于"实际频率相等"，从而造成概念混淆以外，这算是一个勉强的唯物主义观点。德·摩根先生在他的《形式逻辑》(Formal Logic) 一书中，曾清晰地阐述了纯粹的概念论。

这两种分析的巨大差异在于，概念论者认为概率是一种事件，而实在论者认为是某种类事件发生频率占该种类总属的比例，因此就有了两个定义。这种对立的体现如下所述。

假设我们有两种推理规则，适用于某一领域内所有的问题，第一条规则得出正确答案的概率为$\frac{81}{100}$，不正确的概率为$\frac{19}{100}$；第二条规则得出正确答案的概率为$\frac{93}{100}$，不正确的概率为$\frac{7}{100}$。假设这两条规则的成立与否互相独立。这就是说，对于任何一个问题，不管第一条规则是否得出正确答案，第二条规则答对的概率都是$\frac{93}{100}$、答错的概率都是$\frac{7}{100}$。那么在这两条规则适用的所有问题中：

两条都能答对的概率……………………$\frac{81}{100}$的$\frac{93}{100}$，即$\frac{93 \times 81}{100 \times 100}$；

第二条答对第一条答不对的概率………$\frac{19}{100}$的$\frac{93}{100}$，即$\frac{93 \times 19}{100 \times 100}$；

第二条答不对第一条答对的概率………$\frac{81}{100}$的$\frac{7}{100}$，即$\frac{7 \times 81}{100 \times 100}$；

两条都答不对的概率……………………$\frac{19}{100}$的$\frac{7}{100}$，即$\frac{7 \times 19}{100 \times 100}$。

假设现在对于任何问题，两条规则都能给出一致的答案（都是是非题），那么两条答案一致的概率就相当于两条一起答对的概率加上两条一起答错的概率，也就是$\frac{93 \times 81}{100 \times 100} + \frac{7 \times 19}{100 \times 100}$。因此两条规则答案一致的情况下，两条都能答对的概率即为：

$$\frac{\frac{93 \times 81}{100 \times 100}}{\frac{93 \times 81}{100 \times 100} + \frac{7 \times 19}{100 \times 100}} = \frac{93 \times 81}{(93 \times 81) + (7 \times 19)}$$

因此，这就是两条规则结果一致的情况下，两条规则都能得出正确结果的概率。我们正好可以借用另一种表达方式。概率是有利事例占总事例的比例。除了以此比例来表示结果，我们还可以借用另一种比例——有利事件占不利事件的比例。后者可以被称为事件的"机会"（chance）。那么第一种推理规则的机会比为 $\frac{81}{19}$，第二种推理规则的机会比为 $\frac{93}{7}$；以及当它们结果一致时，都得到正确结果的机会比为 $\frac{81 \times 93}{19 \times 7}$，也就是 $\frac{81}{19} \times \frac{93}{7}$，等于双方都答对的机会值的乘积。

可以看出，机会可以取任何值，一个双方拥有平等机会（即 $\frac{1}{1}$）的事件，其概率为 $\frac{1}{2}$。一个机会为 1 的论点无法用来加强其他论点，因为根据乘法规则，用它乘以任何概率还是原来的概率。

概率和机会无疑都归属于"推论"，是相对于特定前提的。尽管如此，我们也可以说某事件概率的绝对值，它的意思是，就目前所知而言，综合所有与它相关的事态得出的它发生的可能性。从这个意义上说，某事件的机会与我们对其的信念程度有非常密切的关系。信念不仅仅是一种单纯的感觉，也有一种相信的感觉，所有的论据都表明这种感觉会随着机会的变化而变化。因此，任何一个随着机会变化的量，都可以用来度量信念的强度大小。在众多数量中，有一种尤为适当。当我们遇到很大的机会时，信念的感觉应该是非常强烈的。凡人永远无法获得绝对的肯定和无限的机会，而这无限的信念正好说明了这一点。随着机会的减少，信念的感觉也会减弱，直到达到机会为1的情况，它就会完全消失，而不是越来越倾向或远离原命题。当机会减少时，相反地，会滋生一种坚定的信念，即机会越少，信念越强。当机会几乎消失时（但完全消失这种情况不太可能发生），这种坚定的信念会趋于无限强。现在，我们有一个对所有情况都非常合适的数量，就是机会的"对数"。然而，还有另外一个因素必须考虑，就是我们的信念应与证据的分量成正比。从这个意义上说，如果有两个完全独立且势均力敌的论据，那它们应该产生一种两者强度之和的信念。现在，我们已经知道，两个独立并存的论点需要将各自的机会相乘得到结合的机会，因此，最能表达信念强度的数量应该是，在机会的结合要通过对部分的机会做乘法得到时，同样可以对这个数量做加法得到。而现在，对数是满足此条件的唯一量。有一个普遍的感觉定律叫"费希纳心理物理定律"，指的是任何感觉的强度都与对它产生外力的对数成正比。因此，信念的感觉应该为机会的对数，这种感觉指的是产生信念的一种事实状态表达。

当测量信念强度时，两个独立并存的观点组合的原则非常简单，即把各个正面论据的信念感总和减去各个反面论据的信念感总和，余下的就是最后我们应该有的信念感。这是人们常常采取的办法,名为"权衡"。

上述因素就是支持概念论的理据。其核心在于,任何与事实相关论据的结合概率,必须与我们对此事实应有的信念程度密切相关。这一点往往也能得到其他观点的佐证,表明该理论与其他方面的认识是相一致的。

但是,无论概率是大是小,表达的都必须是事实。因此,这是一件需要证据的事情。那么,让我们来思考一下对概率的信念是如何形成的。假设我们现在有一袋豆子,偷偷地随机抽取其中一颗放在反扣的杯子下。我们现在要对这颗豆子的颜色做一个合理的猜测,办法是每次从袋子中抽取一颗豆子察看,然后放回去并搅混。假设第一次抽到的是白豆子,第二次是黑豆子,我们就可以得出结论,这两种颜色都没有绝对的巨大优势,而且,杯子下的豆子似乎有一半的可能是黑色的。但是这个判断有可能在接下来的几次抽取中被改变。当我们抽取的10次中有4次、5次或6次都是白豆子,那么就比较能确信这个猜测的概率是平均的。当我们抽取的1000次中几乎有一半是白豆子,就更能确信这一点了。现在,我们可以很肯定地说,如果我们对每一次被抽取的豆子颜色进行下注,那么从长远来看,猜白色是没有问题的。我们想要获得的信心就是这个,但是希望是在抽两次的时候就获得,而不是在抽了1000次以后。所以,概率的全部意义在于给我们提供一个长期的保障,并且因为这种保障不仅仅基于机会的大小,也取决于判断的准确性,我们不应该对所有机会均等的事件抱有同样的信念。简而言之,要合理地表达我们的信念,至少要有两个数字,第一个数字基于推测的概率,第二个取决于基于概率的了解程度。[1] 确实,当我们对某事物了解得非常精确的时候,当我们已经从袋子中抽取许多次以后,这个表示概率的不确定性的数字可能就不再重要了,或者完全消失。然而,当我们对某事件的了解非常有限时,这个数字就可能比概率本身更重要。而当我们完全不了解时,这个数字就代表着一切。所以,如果说某个未知事件的机会是均等的,这没有任何意义(因为没有事实的表达没有任何意义),这时应该说现在的机会完全是模糊的,没有办法计算。因此我们认为,虽然概念论在某些情境下适用,但总体上是很不充分的。

假设我们从袋子中抽取的第一颗豆子为黑色,就会形成一个论据,即杯子下的豆子可能为黑色,无论这个概率有多小。如果第二颗豆子也是黑的,这就是另一个独立论据,且加强了前一论据的可信度。如果前 20 颗豆子都是黑色,那我们对杯子下豆子为黑色的信心就会大大加强。但如果第 21 颗豆子为白色,然后

---

[1] 严格来说,我们需要无限量的数字,且每一个数字的建立都基于前一个数字的可能错误之上。

如何形成清晰的观点

我们继续抽取，最后发现抽到了1010次黑豆子和990次白豆子，那我们应该得出的结论是，前20次都抽到黑豆子这一事件是一个很大的偶然，事实上白豆与黑豆的比例是相当的，并且被藏起来的豆子为黑色的可能性也是均等的。但是根据"权衡"原则，由于每一次抽到黑豆或白豆都是一个独立论据，虽然有这么多对于"被藏起来的豆子为黑色"这一判断的有利论据和不利论据，但多出来的20颗黑豆产生的信念程度应当与抽取总数无关。

在观念论观点中，这种完全的无知状态——判断不应倾向或偏离假说——会用$\frac{1}{2}$的概率来表示。[1]

不过，如果我们假设我们现在完全不知道土星居民的头发颜色，我们拿一张渐变颜色表，它包含了所有可能的颜色，任意相邻两种颜色之间的差别是无法用肉眼识别的。现在划出一个封闭的区域，试问：根据概念论的原则，土星居民的发色属于这个区域的机会有多少？我们给出的答案不可能是"完全无法确定"，因为我们一定是怀着某种信念的；而事实上，持概念论观点的人也是不承认不确定的概率的。这个问题没有确定性，答案其实在0和1之间。这里没有给定的数值，所以数字必须由概率本身的性质决定，而不是由数据计算得出。因此，答案只能是一半，因

---

[1] "完美的无抉择状态，不倾向任何一方，就是双方机会相等。"——德·摩根

为这个判断不能倾向或偏离假设本身。这个区域的机会和任意别的区域的机会一样，并且如果有第三个区域包含了这两个区域，情况也是一样的。否则，如果两个小区域的概率各为一半，那么包含两者的大区域的概率就至少为1了，这是荒谬的。

三

所有的推理可分为两种：①解释性推理，也叫演绎法或分析法；②扩充性推理，也叫综合法或归纳法（不很确切）。在解释性推理中，首先在前提中规定了某些事实。这些事实在每一种情况下都涵盖无尽的内容，但它们常常可以通过一些规律性的方式总结在一个简单的命题中。因此，在命题"苏格拉底是一个人"中，意味着（没有其他可能性）他一生中的每时每刻（或者你可以说，在他一生中的大部分时间）是一个人。他不可能有一瞬间是一棵树或一只狗；他没有流入水中，或一次出现在两个地方；你不可能像透过一张光学图像一样，把你的手指透过他的身体等。现在，我们有了一些事实，虽然我们得出这些规定时并没有把它整理成命题的目的，但是我们或许就能在其中发现某种规定；这样我们就可以将其部分或全部形成一个新的命题。如果不提出命题，它便可能被忽略。而这一命题就是分析性推理的结论。这些都属于数学论证方法。但综合性推理与之截然不同。在这种推理情况下，结论中总结出的事实并没有在前提中阐述出来。得出的事实也各不相同，比如人们若有 m 次看到了潮汐上涨，就会得出结论，下一次潮汐会上涨。这些是增加我们常识的唯一推论，当然其他的推论也可能有用。

在任何可能的问题中，我们给出了某些事件出现的相对频率，我们认为在这些事实中，就隐藏着另一个事件出现的相对频率。解法前面已经讲过了。因此，这只是解释性推理，而非综合性推理。综合性推理的结论是要超出给定前提的范围的。因此，要想通过这种方法来发现综合性推理中的概率是缘木求鱼。

大多数关于概率的论文都含有一个不同寻常的原则。例如，如果一个居住在地中海沿岸、从未听说过潮汐的原始人来到了比斯开湾，看到潮汐上涨 m 次，他就可以知道潮汐上涨的概率等于：

$$\frac{m+1}{m+2}$$

凯特勒在他的一本著作中强调了这一点，并将其作为归纳推理理论的基础。

但是，如果这个人从未见过潮汐，也就是说，给定 $m=0$，此解决方案就不再成立。这样，下一次潮汐上涨的可能性就是

$\frac{1}{2}$。换句话说,解决方案涉及概念论的原则,即完全未知的事件的概率为一半对一半。其中包含的道理还可以由下面这个例子得出,即好几个缸里装着相同数量的球,部分为白色,部分为黑色。一个缸里都是白球;一个缸里有一个黑球,其余为白球;另一个缸里 $\frac{2}{3}$ 都是黑球,其余为白球;以此类推,黑球比例依次增加,直到缸里全是黑球。但是,在这种人为安排和自然概率之间进行类比唯一可能的原因是,我们所不知道的替代方案必须被认为是有同等可能性的。但这个原则是荒谬的。按照这个原则,列举不同可能性有无限多种方式,都会产生不同的结果。如果有方法列举可能性,并使它们都相等,那也绝不是用这种方法,而是如下方案:假设我们有一个巨大的仓库,黑球和白球混在一起;并且假设每个缸内的球数都是固定的,是从仓库里随机取出来的。仓库中白球的相对数量可以是任何值,比如 $\frac{1}{2}$。那么,第一个球是白色的缸就占 $\frac{1}{2}$,第一个球是黑色的缸占 $\frac{1}{2}$。在取出第一个球是白色的缸里,第二个球是白色的占 $\frac{1}{2}$;在第一个球是黑色的缸里,第二个球是白色的也占 $\frac{1}{2}$。于是,我们就可以得到一个分布表,w 代表白色球,b 代表黑色球。读者可以自行检验。

wwww

wwwb   wwbw   wbww   bwww
wwwb   wwbw   wbww   bwww

如何形成清晰的观点

```
wwbb   wbwb   bwwb   wbbw   bwbw   bbww
wwbb   wbwb   bwwb   wbbw   bwbw   bbww
wwbb   wbwb   bwwb   wbbw   bwbw   bbww
wwbb   wbwb   bwwb   wbbw   bwbw   bbww

wbbb   bwbb   bbwb   bbbw
wbbb   bwbb   bbwb   bbbw
wbbb   bwbb   bbwb   bbbw
wbbb   bwbb   bbwb   bbbw
wbbb   bwbb   bbwb   bbbw
wbbb   bwbb   bbwb   bbbw
wbbb   bwbb   bbwb   bbbw
wbbb   bwbb   bbwb   bbbw

bbbb
bbbb
bbbb
bbbb
bbbb
bbbb
bbbb
bbbb
bbbb
bbbb
bbbb
bbbb
bbbb
bbbb
bbbb
bbbb
```

第二组只有一个 b，只有 2 行相同，第三组有 4 行相同，第四组有 8 行相同，第五组有 16 行相同，每次翻 1 倍。这是因为我们认为仓库中的黑球是白球的 2 倍。若我们假设是以 10 倍递增，就不是1、2、4、8、16，而是1、10、100、1000、10000。

另一种情况是，如果仓库中的黑白球数量相等，那么每组就会只有一行。现在假设从其中一个缸中抽出两个球，并且发现都是白球，下一个是白球的概率是多少？如果被抽出的两个是开始投入缸中的两个，那么下一个取出的是第三个投入的球，则无论前两个球是什么颜色，第三个是白球的概率相同。因为我们认为，只有相同比例的缸在前两个为白色白色、白色黑色、黑色白色和黑色黑色之后，第三个球才是白色。因此，在这种情况下，第三个球是白色的机会与前两个相同。但是，通过观察第84页上的分布表，读者可以看到，在每组中取出球和放入球的频率相同，因此抓球结果与放入顺序无关。因此，已经取出的球的颜色对其他球是白色或黑色的概率都没有影响。

现在，如果有方法来列举自然情况下的可能性，并使得每种可能性相同，那么显然应该使每组自然的元素排列或组合（也就是我们所假设的分布方式）的可能性相同，因此，似乎可以假设任何这样的分布都是可能的，而这种假设只能得出一个结论，即从过去推断未来，经验绝对是毫无价值的。事实上，在你认为我们完全忽视的机会占到一半时，关于潮汐的问题在概率上与抛硬币的问题没有任何差别，一枚硬币（已知正反两面的可能性均等）成功正面朝上也可以有 m 次。简而言之，假设自然完全是杂乱无章的，或是独立因素的随机组合，那么就无法从一个事实推论出另一个事实；而且，正如我们后面会看到的那样，没有推理就不能从纯粹的观察中得出判断，这不啻假设人类的所有知识都是错误的，真知是不可能的。假设我们过去或多或少发现自然是有一定秩序的，这纯粹只是运气，而现在我们的运气已经用完了。现在，我们可能没有相反的证据，但是，若认为大部分问题都解决了、没有人会怀疑或能够质疑、对此否定的人会认为自己很愚蠢，那么推理也就毫无必要了。

我们有权谈论自然排列的各种相对概率，比如宇宙的数量是否和黑莓一样多；我们是否能把各个宇宙放到一个袋子里，充分摇匀，取出一个样本，检验每种排列的可能性分别是多少。但是，即使在这种情况下，我们还会被一个更广阔的宇宙包含在内，对于它来说，概率便没有用武之地了。

四

我们已经研究了概念论提出的问题。简而言之：给定一个综合性结论；我们的目标是，发现在任何指定范围内的所有可能情形中，有多少种是符合该结论的；并且我们已经发现，将综合性推理归约为分析性推理是荒谬的，没有任何确定的方法可以解决。

第一部分　偶然与逻辑

但是，与这个问题相关的另一个问题是这样的：给定若干事实，求与之相关的综合性推论有多大概率为真（允许一定的近似度）。现在，解决这个问题没有任何困难（除了算术比较复杂），并且已经得到了深入研究，答案是完全清晰的。难道这不是我们最想知道的吗？我们为什么要了解事实有多大概率符合我们的结论？这意味着，我们对所有可能的领域都感兴趣，而不仅仅是我们所处的领域。我们为什么不那么关心我们的结论有多大概率符合事实呢？原因就在于上面的两个问题。我还要问读者，如果人们不是在完全没有理解自己意思的情况下使用"概率"一词，而是使用"相对频率"一词，那么他们可能会看不到为了得到结论的概率，他们不应该带着分析法的思路去进行综合性的推断；恰恰相反，应该从事实出发，得出综合性的推断，然后再回到事实，检验推断是否与事实相符。

因为我们不能有一缸无限数量的球来代表大自然的无穷无尽，所以让我们假设一缸有限数量的球，每个球被抽出后又被抛回到缸里，这样也就模拟出无穷了。假设 $\frac{1}{3}$ 的球是白色的，其余都是黑色的，从中抽出 4 个球。然后，第 84 页上的分布表代表了取出球的不同方法的相对频率。可以看出，如果我们判断这 4 个球在缸中的比例，若抽取 81 次，有 32 次抽到这 4 个球，则比例为 $\frac{1}{3}$；若抽取 81 次，有 24 次抽到这 4 个球，则比

例为 $\frac{1}{2}$；实际值是 $\frac{1}{3}$。把这个表格中的数字扩大到无穷大是相当费力的，但数学家已经发现了一些巧妙的方式来计算这些数字。经研究发现，如果白球的真实比例为 P，取出球的数量是 S，则通过归纳得到的比例误差分布如下。

在总抓取次数的 $\frac{1}{2}$ 中，误差小于等于	$0.477\sqrt{\dfrac{2P(1-P)}{S}}$
9/10	$1.163\sqrt{\dfrac{2P(1-P)}{S}}$
99/100	$1.821\sqrt{\dfrac{2P(1-P)}{S}}$
999/1,000	$2.328\sqrt{\dfrac{2P(1-P)}{S}}$
9,999/10,000	$2.751\sqrt{\dfrac{2P(1-P)}{S}}$
9,999,999,999/10,000,000,000	$4.77\sqrt{\dfrac{2P(1-P)}{S}}$

这种算法可以举例说明。据 1870 年人口普查结果，本地一岁以下的白种人儿童中，男性比例为 0.5082，而在其他肤色的同年龄段的儿童中，此比例仅为 0.4977。比例差距为 0.0105，即约每 100 人相差 1 人。这要归为偶然性？还是说在大量的白种人孩子与其他人种孩子中间，这种差别依然存在？此处的 P 可以取 $\frac{1}{2}$，所以 $2P(1-P)$ 也是 $\frac{1}{2}$。白种人孩子的总数接近 1,000,000，所以，我们需要把 $\frac{1}{2000000}$ 开平方，结果约为 $\frac{1}{1400}$，再乘以 0.477，约

为 0.0003。也就是说，通过归纳得到白种人男童比例的误差范围在 0.0003 以内。黑种人儿童数量约为 150,000，误差范围在 0.0008 以内。于是，我们可以看到，实际的差距是两者误差范围之和（0.0003+0.0008）的 10 倍左右。根据第 92 页上的列表，从长期来看，如果是因为纯粹的统计误差，那么大概 100 亿次中才会出现一次。

请注意，当归纳探寻概率的实际值要么很大、要么很小时，推理就更有把握。因此，想象一下在现实中从一个装有 100 个球的容器里去抽取 1 个白球，抽取 100 次来做判断，得到的结果是，抽不到白球的概率是 $\frac{366}{1000}$，抽到 1 个白球的概率是 $\frac{370}{1000}$，抽到 2 个白球的概率是 $\frac{185}{1000}$，抽到 3 个白球的概率是 $\frac{61}{1000}$，抽到 4 个白球的概率是 $\frac{15}{1000}$，抽到 5 个白球的概率是 $\frac{3}{1000}$，以此类推。于是，我们几乎可以肯定，在这 100 个球里，最多只有 1 个白球。

因此，在一种意义上，我们能够判定综合推理的概率；在另一种意义上，我们做不到。我们来看下面这个推理。

100 个克里特岛人中有 99 个是骗子；

埃庇米尼得斯是克里特岛人；

所以，埃庇米尼得斯是骗子。

我知道以上推理相当于100次中有99次是真相，但当我反向推理的话：我能想起来的，比如麦诺斯、萨尔珀冬、拉达曼提斯、杜卡里翁和埃庇米尼得斯都是克里特岛人，但这些都是大骗子，所以，大概所有克里特岛人都是骗子。我完全不知道类似的推理多久能给我带来真相。另一方面，我可以知道的是，有确切比例的克里特岛人是骗子，用五六个例子就能估算出个大概。即使这个推断差到了极点，也就是只有一半克里特岛人是骗子，那么误差最多也不过是 $\frac{1}{6}$。这些是我知道的。但是，在目前这个例子中，推断结果是所有克里特人都是骗子，它是真是假我就不大清楚了。

五

在18世纪末，伊曼努尔·康德问了这样一个问题："先天综合判断何以可能？"他所说的"综合判断"，指的就是提出具体的事实，而不只是说明事物的呈现方式一类。简单来说，综合推理所产生的判断是分析推理无法产生的。他所指的"先天判断"，就好比所有外在对象都处于空间中、凡事必有因之类。在他看来，先天命题是不能从经验中推得的。他的这个问题几乎将当时流行的哲学体系涤荡殆尽，并且开启了一个新时代，而他的回答反倒没那么大威力。然而，在问那个问题之前，他应该问一个更为普遍的问题："综合判断何以可能？"一个人如何能够看到一个事实，然后立刻说出他对于另一个事实的判断，并且不受第一个事实的影响？

我们已经看到了，这种推理——至少从它的日常意义来看——是没有确定的概率的，那么它又怎么能增益我们的知识呢？这是一个奇怪的悖论。艾比·格拉特里（Abbé Gratry）曾解释说这是一个奇迹，所有真实的归纳都来自上天的灵感。[1] 与某些学究用三段论或其他什么东西把概率颠来倒去相比，我对这种解释倒是更有几分敬意。我之所以尊重它，是因为它看到了问题的深刻性，给出了一个恰当的理由，并且与一种普遍的宇宙论联系在一起——真正的解释都应该做到这一点。同时，我又不接受这样的解释，因为一个解释应该告知一件事是如何发生的，然而诉诸永恒的奇迹，似乎是放弃了一切这样做的希望，但又没有给出充分的根据。

如果把问题从先天综合判断扩展到所有综合判断，那么康德会如何作答呢？这是个有趣的问题。他的回答是：先天综合判断

---

[1] 参见艾比·格拉特里的《逻辑学》（*Logique*）。在作者看来，每一种区分行为也都是如此，但是结合行为就未必了。他没有说前者比后者容易得多是不是因为有超自然力量的帮助。

是可能的，因为一切普遍正确的事物都包含在经验的条件之中。让我们把它应用到一个普通的综合推理中。我从一袋子豆子中拿出一部分来，这些豆子都是紫色的。然后，我推断袋子里的豆子都是紫色的。我是怎么推断出来的？这是基于我的正确经验得出的结果，这是在经验的条件之中的（这里的豆子可能颜色各异）。这个个别经验的条件就是，所有这些豆子都是从那个袋子里拿出来的。按照康德的理论，所有对从袋子中取出来的豆子都成立的命题都要通过袋子内容物的特质来解释。这是一种关于推理原则的比较让人满意的陈述。

当我们得出一个演绎的（或者叫作"分析的"）结论时，我们的推理规则是：关于某种一般特征的事实，要么总是伴随着另一种一般特征，要么两者之间存在一个固定的比例。于是，我们从关于前一类特征的事实出发，推出后一类特征的某些确定会发生或者以一定比例发生的事实。但是，综合推理的原理就不一样了。当我们用一袋子豆子的时候，我们根本不假设一个事实，就是有些豆子是紫色的，这包含必然性，或者其他豆子也可能是紫色的可能性。相反，如果用概念论的方法来研究——其实相当于演绎的方法——得到的所谓的综合判断就是一半对一半，换言之，毫无价值。一颗豆子的颜色完全跟另一颗豆子没关系，但是综合推论是基于事实分类而建立的，不是通过特质，而是通过获取它们的方法。它的原则就是，通过一种已知的方式获得的一系列事实，或多或少会与通过同样方式获得的其他事实相似；或者说，条件相同的经验将呈现相同的一般特质。

在前一种方法中，我们知道的是，从前提能够得出真的结论，其中前提和结论在形式上是严格相似的，并且只需要做一次即可。在后一种方法中，前提和结论是在相似的情况下获得的（虽然前提和结论本身可能有很大的差别），这样也会产生真的结论，并且至少需要做一次推断。那么我们可以这样来表述，在分析推理中，我们知道结论的概率（如果前提真实），但在综合推理中，我们仅知道整个程序的可信赖程度。因为所有的知识都来自综合推理，我们必须同样推论出：人力所能达到的确定性的基础只在于一点，即我们用来得出知识的过程一般可以得出真实的结论。

虽然一种综合推理无论如何不能归约为演绎，但是，归纳法的长期有效性或许可以从一条原理中演绎而来，即通过充分的研究，最终得到的观点的目标一定是真实的。在不断探究的影响下，这种信念会逐渐倾向于自我修复。这种探究正是逻辑陈述的事实之一。

第五篇　自然规则[1]

一

任何关于自然规则的命题都或多或少会触及宗教。时至今日,即使在这些问题上,信念也越来越依赖于对事实的观察。如果一个非凡的普遍秩序在宇宙中被发现,那么这种规则性一定有其原因,科学一定要考虑哪些假说可以解释这一现象。有一种解释的方式,当然就是假设这个宇宙被一种高级力量制定了规则。但是,如果不管是一切现象对法则的服从,还是法则本身的特性(善、美、简洁),都无法证明宇宙存在着一个统治者,那么不难预料,对于任何摆脱了传统辖制的头脑来说,还有什么其他证据会更有分量。

然而,即使我们对这个问题给出了绝对否定的回答,宗教也不能说因此就被摧毁了,因为这里面依然涉及信念,不管这些信

---

[1] 参见1878年6月《大众科学月刊》。

念与我们的有多么不同,而我们能够从这些信念中发现宗教的一些关键特征,而这些未必要求假设有一个真实存在的神。

比如说,它告诉地球上无数愚蠢的追随者,最完美的神以一种永恒的沉睡的方式隐藏在世界上,这和不存在没有什么区别。无论它有没有名字,只要拜读过 M. 瓦舍罗的作品的人,都很难说他对宗教有多么热忱。他崇拜完美、最高理想,但他也想到理想的概念和它真实的存在是矛盾的。[1] 实际上,M. 瓦舍罗发现,他完全可以说"不存在"是完美的一种核心特质,正如安瑟伦和笛卡尔曾做出过截然相反的论断一样。我承认,与实证神学相比,以上这几种立场在一个方面是更符合宗教态度的:只要神呈现给安瑟伦或者瓦舍罗,并且显示出他壮丽的特质,无论是在白天或者黑夜,而他们只要认出了可敬的神,马上就会跪地敬拜。然而,实证神学家会要求神来确证自身,这就需要详细考察可靠程度,衡量他在世间现身的可能性,在这之后,他们才会慎重地献出敬意,同时他们坚持认为,只有真实存在的事物才是值得崇拜的。

如果我们能够发现宇宙的任何一般特征、任何自然的特殊习惯、任何普遍适用和有效的法律,这样的发现都将在我们所有未来的推理中起到关键作用,因为这对于逻辑原则十分重要。另

---

1 参见桑塔亚纳的《宗教理性》(*Reason in Religion*)。

外,我们也可能发现此类特征是找不到的,每个发现的规律性都是有局限性的,这对逻辑同样十分重要。我们应该持有什么样的宇宙概念,如何思考事物的整体,是推理理论的根本问题。

二

正如两三百年前一样,科学人士正在努力解释太阳系以及构成银河系的各个星团的形成,它们都是由原子偶然汇聚形成的。这个理论最伟大的阐述者,当被问及他怎么能写了这样一部关于世界体系的巨著却一字不提世界的创造者时,他完全符合逻辑地回答道:"我不想要这种假设。"但是,实际上与这个回答一样,他的理论并不与神学相悖。物质应该由遵守力学法则、在万有引力的作用下结合在一起的分子组成;正是由于这些规律(没有尝试进行解释),太阳系的总体布局才是合理的,而不是随意的。

如果任何一个人曾经认为宇宙就像是掷骰子,神学家就会严厉地驳斥他。约翰·蒂洛森说:"比方说,一个人把一堆写有字母的纸在袋子里摇匀,扔到地上,然后随便捡了几片,突然发现(几片纸组合以后)是一首美妙的诗歌!这样的可能性会有多大呢?一首小诗尚且如此,何况宏大的世界?"这个纯粹随机的世界与我们生活的世界极为不同,里面没有法则,不同物体的特征

第一部分 偶然与逻辑

是完全独立的,任何普遍的东西都是运气,任何普遍的命题都无法得出。而无论我们在宇宙秩序方面得出何种结论,有一点都是确定的:世界不仅仅是随机混合的产物。

但是,世界到底能不能做出这样一首美妙的诗,这就另当别论了。当我们在晚上仰望天空时,我们很容易观察到众星不是简单地在天空中闪耀,但是在布局上似乎也不成任何精确的体系。于是,探究宇宙的有序程度就是值得的。首先,让我们问一句:我们所生活的世界是否比纯粹的随机世界更有秩序?

任何一致性或自然法则都可以用"每个 A 都是 B"的形式表达,就像每条光线都是一条非曲线,每个物体都受到一个向地心的加速度一样。这也就是说,"不存在任何不是 B 的 A";没有弯曲的光线,没有物体不受到一个向地心的加速度;于是,统一性就在于某些特性的组合是不存在的(此处即为 A 和非 B)。[1] 反过来说,每种不存在的特性组合也会构成自然的统一性。因此,假设人们从来没有发现特性 A 和特性 C 组合在一起:例如,人们从来没有发现"愚蠢"这一特性和"大脑发育完善"这一特性组合在一起,于是 A 类中不包含 C,或者所有 A 类都是非 C 类(也就是说,每个愚蠢的人都有一个发育不完善的大脑)。对于 A 而

---

[1] 就目前而言,一种特性的反面也被认为是一种正面的特性,因为统一性既可以是正面的,也可以是负面的。我无意认为正面的统一性与负面的统一性之间没有区别。

言，这是普遍真实的东西，是世界的统一性。因此，我们看到，在没有统一性的世界中，人们无法排除任何逻辑上可能的特性组合，每个组合都会存在于某个对象中。但是，两个不完全相同的物体一定在某些特征上有所不同，哪怕只有一处。因此，在两个不同的对象中找不到与之相同的特性组合；并且，在这个随机的世界中，每个特性组合相同的对象都属于同一类。假设一个简单的世界只有 5 种特性[1]，我们可以用 A、B、C、D、E 来表示，并且用 a、b、c、d、e 来表示各自的反面；然后，因为这些字符有 2^5 种（即 32 种）不同的组合，所以我们完全可以确定每一个组合，这个世界将仅仅只有 32 个物体，特性列表如下所示。

表 1

ABCDE	AbCDE	aBCDE	abCDE
ABCDe	AbCDe	aBCDe	abCDe
ABCdE	AbCdE	aBCdE	abCdE
ABCde	AbCde	aBCde	abCde
ABcDE	AbcDE	aBcDE	abcDE
ABcDe	AbcDe	aBcDe	abcDe
ABcdE	AbcdE	aBcdE	abcdE
ABcde	Abcde	aBcde	abcde

比方说，这五种基本特性可能是硬、甜、香、绿、亮。这样

---

[1] 只有 5 种简单特性，再加上它们的反面的话，排列方式就共有 241 种；如果再加上"存在"与"不存在"的话，那就是 243 种，也就是 3^5 种。

的话，就会有"硬甜香绿，但是不亮"的物体，还有"硬甜香，但是不绿也不亮"的物体。以此类推，所有组合就形成了。

这就是一个完全随机的世界所呈现的样子，并且这就是我们能想象到的最系统的排列办法了。如果把一堆字母从袋子里倒出来显得杂乱无章，这也只是部分随机。在那种情况下，空间法则仍然是被严格遵循的，并且字母形成的样子还是有很多规律性的。结果是有些元素有秩序，有些元素没有秩序，这就是我们在现实世界中观察到的。蒂洛森在一篇被引用的文章中问道："将20,000名盲人从英格兰的一些偏远地方送到索尔兹伯里平原，他们要从拖沓徘徊的状态转变到排好队列，像军队一样有条不紊地进行登记，需要多长时间？"但是，比起无数盲目的部分如何汇集起来，这一事件还是更容易想象到的。的确是这样，但在现实生活中，我们认为这些盲人根本不会有秩序地排队。简而言之，尽管世界上存在大量的规则，但这世界看上去并不那么有秩序，而且不如完全随机的世界那样有秩序。

但是，如果不将接下来我要讲的很重要的逻辑原则[1]考虑进去，我们是永远也无法弄清这个问题的。这一原则就是：任何复数性的（也就是多个）物体都会拥有专属于它们自己的共同特

---

[1] 我认为，这一原则是由德·摩根先生首次提出的。

性。而在这里"特性"这个词某种程度上包含反面特性，比如不礼貌、不平等；也包含正面特性，比如礼貌、平等。为了证明这一理论，我会随意举两个物体，A 和 B，来展示它们有哪些专属的共有特性。A 和 B 各自拥有某些与其他一切物体相区别的特性，称 A 性和 B 性。与正面特性 A 性对应的是反面特性非 A 性，所有物体除了 A 性以外都具有非 A 性。B 与之同理，所有物体除了 B 性以外都具有非 B 性。这两种反面特性共同存在于 A 和 B 以外的一切物体；而非 A 性和非 B 性的结合形成一种混合特性，被称为非 A-B 性。也就是说，不管 A 还是 B 都不具有这种特性，但其他物体都具有。这种特性与其他特性一样，也有其对应的反面，非非 A-B 性，就是 A 和 B 两者都有、而其他物体都没有的特性。显然，以上内容也可以推广到任意数量的物体上。证明完毕。

在任何一个世界之中，无论是何种情况，每一个群体肯定都会至少有一个专属的特性。为命名方便起见，我们可以将每一个物体组合专属的各个特性视为一个特性，于是，每个可能的物体组合就都有一个专属的特性。假设一个世界包含 5 个物体，分别是 α、β、γ、δ、ε。然后，对于 31 个组合中的每一个个体，将有一个专属的特性（如果加上"不存在"，那就是 32 个，即 2^5），如下表所示。

第一部分　偶然与逻辑

表 2

	αβ	αβγ	αβγδ	αβγδε
α	αγ	αβδ	αβγε	
β	αδ	αβε	αβδε	
γ	αε	αγδ	αγδε	
δ	βγ	αγε	βγδε	
ε	βδ	αδε		
	βε	βγδ		
	γδ	βγε		
	γε	βδε		
	δε	γδε		

这就向我们展示了这种"随机世界"概念[1]中内在的矛盾。在一个有 32 个物体的世界里，特性的数量不是 243，即 3^5 种——这是随机世界的概念规定的数量——而是至少有 2^{32} 种，也就是 4,294,967,296 种，并且它们不仅是相互独立的，而且彼此之间还存在着一切可能的关系。

进一步可以看到，如果我们以抽象的方式来看待特性，不考虑它们的相对重要性等，那么世界上可能没有多大秩序性可言，不同人之间关系的连接完全由逻辑来维持。这也就是说，只要我们承认推理，那么就一定要承认这一事实。

为了从抽象的本源一窥究竟，我们有必要从事物的特性加以考量，这也是认知的原点和生物的活力。在设想随机世界的时候，我们不妨假设它只在我们关心的一切重要特性上没有统一

---

[1] 并不针对每一种随机世界的概念，而只是针对上面表述的那一种。

性，而不是在所有特性上都没有。首先，这样的世界中不会有什么新鲜事。直接刺激感官的特性数量不多，只有它们对我们可能感兴趣的事物具有重大意义。整个宇宙毫无体系可言，杂乱无章，没有什么好去探究的。其次，我们的行为也好，自然事件也好，对这样一个世界都不会产生重要的后果。责任是完全谈不上的，我们只能承受发生的事情罢了，不管是好是坏。于是，发展智力或意志力的动力也就没有了，我们既不应该行动，也不应该思考。我们不应该有记忆，因为记忆取决于人体的法则。即使我们拥有感官，处境也会与现在的低等动物一样——假设只有瞬间的意识，而没有记忆。当然，这不过是说说而已，因为那根本算不上是意识。于是，我们可以说，所谓随机的世界，就是从智力相当低下的动物的视角来看我们现在的世界。在水螅看来，现实世界几乎就是纯粹的随机。对于一种动物而言，自然的统一性越重要，它的智能程度也就越高。

所以，从自然的秩序中并不能拿出证据来证明上帝的存在，除非一个有限的心智能够证明无限的存在。

三

在上一篇文章中，我们考察了归纳或综合推理的本质。我们发现这是一个样本选择的过程。我们抽取的样本属于同一种类，但不是从同一类中精心挑选的，而是随机抽取的。这些样本在许多方面都有共性。现在，如果第二个样本和第一个样本在大多数方面都有共性，那么我们就可能据此关于这些特性做出一个推断。但是，这个推断既不符合归纳的性质，也不是有效的（除特殊情况外），因为在一般情况下，抽取的第一个样本得到的吻合数据都是无意义的、偶然的。为了证明这一点，我从惠勒的《各年龄、国籍自由思想家传记词典》(*A Biographical Dictionary of Freethinkers of All Ages and Nations*) 中挑出了前五名诗人的死亡年龄。他们分别是：

埃格德 (Aagard), 48；

阿贝伊勒 (Abeille), 70；

阿布罗拉 (Abulola), 84；

阿布诺瓦斯 (Abunowas), 48；

阿克兹 (Accords), 45。

这五个人的年龄有如下共同特性：

1. 组成每人年龄的两个数字除以 3，余数都是 1；

2. 取每人年龄的十位数的 n 次方，n 等于年龄的个位数，再除以3，余数都是1；

3. 包括1在内的每个年龄的质因子总和，能被3整除。

我们很容易看出，这种数字间偶然的共性有无数种可能。但是假设我们不是因为样本的普遍性而研究这种特性，而是因为某种特性的重要性、显著性或其他原因，在取样本前就选定了一个特性，那么，由于所选中特性出现的比例很高，我们随机挑选的两个样本有极大概率是有共性的。在整个样本中事先指定特性出现的频率，和从此类样本中随机抽取的一部分中这种特性出现的频率几乎相同，这种推理就是归纳。如果事先没有指定特性，而我们在一个样本中也发现了这种特性显著，就只能说明这种特性可能在这一整类样本中都比较显著。如果愿意的话，我们可以把这种猜测当成推理——一种对可能性的推理。但是，为了印证它是否真的显著，我们还要再抽取一次。除了事先指定一种特性，然后抽取一个样本查看，我们还可以指定两个特性，用同一个样本查看两个特性出现的相对频率。这就能一次做两个归纳推理。当然，不管我们同时分析两个，还是分别分析，最后所得结论都不能确定其正确性。不管是指定两个，还是任意有穷个特性，得到的结论都不会有质的区别。现在,任何一种事物中引起我们强烈兴趣的特性,数量其实都比想象中的要更少、更适中。我们一定会查看关于这些特性的样本,这些特性可能不是预先指定的,而是预先确定的(实际上是一回事)。然后我们会推断,这些样本在这些特性上可以代表整个样本种类,但是我们仍要记得这不是一个可靠的推理,因为收集样本以前,这些特点就已经被锁定,要在样本中寻找它们了。

这个归纳理论的论证是在一些原则和方法的基础上进行的。这些原则和方法已被广大学者接受和采用,他们在各自的具体领域中都表现出了知识和能力,因此有资格对此做出判断。然而,不知为何,这个理论本身却没有被那些阐释综合推理的学者记录下来。在这方面最广为人知的阐述来自约翰·斯图尔特·密尔——即归纳的有效性取决于自然的统一性原则——也就是说,归纳遵循的原则是,一旦事情在足够相似的环境下发生过,那么每当同样的环境再次出现,事情就会再次发生。适用条件是:不同事物属于同一类别,组成相似的环境,且相似性"足够"的情况下,这样才叫归纳。"事情发生过"的意思是,我们发现一些事物有一个特性,然后我们可能期望看到的是:每当同样的环境出现,事情就会再次发生,也就是说,同一种类下的所有这些事物应该都有同样的特性。

这里我要大胆想象一下,这个关于归纳的分析有许多缺陷,其中一些缺陷可能是值得专门注意的。

第一,当我把手伸进包里,掏出一把豆子,发现掏出的 $\frac{3}{4}$ 的豆子都是黑色的,我会推断整个袋子里黑色的豆子就占 $\frac{3}{4}$,如果我掏出的黑色豆子占更大比例,或者全是黑色,我显然也会做出相应的推测,我会推断手里的豆子就代表了袋子里剩下的所有豆子。但是,对归纳的分析看起来并不适用于解释对比例的归纳,即特定事件在特定环境下不总会发生,而是在一定的比例下发生。诚然,我们可以把整个样本视为单个的物体,于是根据上面的推断模式,或许可以得出这样的结论:任何类似样本的成员之间也会表现出类似的比例。但是,这种做法就好比只针对一个例子来做归纳,显然存在着对概率的误读。

第二,如果自然的统一性是归纳法的唯一根据,那么对于一个我们不知道它是否恒常发生的特性,我们就不能对它做归纳。据此,密尔说道:"虽然上千年来欧洲人只知道天鹅是白色的,但是就这样推测所有天鹅都是白色的,这不是一个好的归纳,因为人们不知道颜色是不是一种普遍的特征,能够将不同的种属分开(事实上,它也确实不是)。"但是,在数学上却可证明,即便不了解某个特性是否能够将不同的种属分开,一般地,我们仍然可以得出具有很高可能性的归纳推理。在人们知道颜色不是动物分类中普适的特性之前，当然有很大可能性可以说所有天鹅都是白色的。但是，通过对动物种属的进一步研究，人们就已经归纳出同种动物的颜色未必一致。通过演绎地应用这一普遍命题，我们不需要发现黑天鹅的存在，即可对"所有天鹅都是白色的"这一命题的概率提出质疑。当我们知道了一个特性的稳定性或不稳定性，不管是否会增强或减弱归纳的作用，都将这些知识用于任何归纳相关的特殊类别中，就像将任何常识用于对某种事件的分析中去，这就是演绎法而不是归纳法了。

第三，我们说归纳是准确的，是因为相似的事件在相似的环境下发生，或者说相同是因为在某些方面相似的事物在其他方面也很有可能相似——这种说法忽略了对归纳有效性至关重要的一些条件。当我们把所有特性都纳入考虑之后，任何两个事物相似的细节都和任意其他两个事物一样多。如果我们把特性限制在我们觉得重要、有兴趣或是明显的特性上，那么我们就可以得出一个综合性的结论。但是，样本必须是从想要做出判断的样本种类中随机抽取后进行判断的，而不是专门抽取了某个特定的子类。只有当相关特性在考察样本前就已确定，这时的归纳才是最正确的。这些都是归纳的关键要素，在将归纳有效性归因于自然的统一性原则时，这些因素并没有考虑进来。正如上一篇文章所说，用概率学说解释归纳不是形而上学的公式。综合推理的所有规则都可以有系统地进行推理,从数学上加以论证。但是,从自然统一性原则来解释,虽然在其他方面遵循了圆满,但是也暴露出其致命的缺陷,和之前一样无法对归纳法给出充分的解释。因此,对以下事实我并不感到奇怪:那些采用此理论的人在推理过程中使用了错误的规则,而密尔在其著作的第一版中所给出的大量例子——证明什么是归纳的示例,在后来的科学研究过程中被证明大错特错,最后不得不在再版的过程中一一替换掉。有人认为,密尔可能是在这种错误的情形下进行的归纳,尤其是他还公开说过这样的原则:如果一次归纳的结论最后被证明是错误的,那么这就不是一次好的归纳。然而,对于这个经他多次修改、目的是帮助人们的思维从已知走向未知的理论框架,不管是他还是他的任意一个学生,都丝毫没有怀疑过,即使最初的实验得出的结论不尽如人意。

四

如果我们得出了一个统计归纳结果——比方说,新生儿中有一半是男孩——那么,只要进行了充分的研究,我们就总是能够发现这样一个类,使得相关的谓词适用于该类中的每一个对象;比方说,我们可以问,"哪一类"新生儿是男孩。这一原则是一条定理的直接推论，即任何一组对象都有一个专属于该组的特性。该原则还有一个更常见的表述方式：事出必有因。

然而，虽然每件事物都必有一个成因，而且这个原因一定可以被人发现，但是如果没有事物来指导发现；如果我们不得不毫无头绪，从茫茫世间的一切事物中间搜寻——举例来说，孩童的性别也是由行星的组态、对跖点或其他什么所决定的——那么，我们就绝对没有机会再有什么发现了。

我们没有权利去假设自己发现了某件事情发生的确切原因，或是假设某个归纳绝对没有任何例外。相反，我们很容易就能从刚才提出的原理中得出一个推论，那就是每一个经验法则都有例外[1]。但是，有一些归纳得出的共性如此明显，即使我们知道这些共性不是普遍真理，也不会认为它们仅仅是偶然得出的。在这方面，最引人注意的定律就是关于时间和空间的定律。关于空间，乔治·贝克莱主教斩钉截铁地首次提出，空间不是双眼所见的事物，而是由推论得出的。贝克莱坚称三维空间不可能直接被看到，因为眼睛的视网膜是平面的。但是，事实上，视网膜不是一个平面，而是神经椎体细胞的聚合体，这些椎体细胞直指光源，并且只有尖端有知觉。与它们所在的区域大小相比，这些尖端彼

---

[1] 注意这个推论本身是一个理论推论，而不是一个经验法则。

此的距离很大,它们带来的感知不是一个平面可以比拟的,最后的效果也不是所有知觉加在一起可以达到的。但是,在不同神经点的刺激物间存在一定的联系,这就是空间假说提出的前提,也就是推论的来源。这个空间假说一开始没有立刻为人们所理解,但现在已经被普遍接受。中间的认知过程就叫作推论的过程,属于批判性逻辑的领域。但是,我们难道就因此有资格得出结论说,每只鸡只要一孵化出来,就能解决那些最强大的数学公式也无法解决的复杂问题吗?当然,我们无法绝对地去否定鸡或是其他任何动物头脑中都先天带有认识空间概念的趋势。时间的概念也是一样。很明显,时间不是直接被感知到的,因为时间的流逝不是瞬间的事物,而我们能感知到的只有瞬间的事物。我们还应该承认,如果没有时间的概念,我们就不可能在没有特殊才能的前提下感知到变化流动。另外,力的概念——至少在初期——也是很早就得出来了,而且在低级动物身上也发现了,因此被认为是天生固有的。但是,概念到底多大程度是天生固有的,取决于那些概念是否是自己出现在脑海中的。一些概念,比如空间的概念,在智慧之初就无可抗拒地出现,几乎不用外界激发就占据脑海。另一些概念其实是被灌输进我们脑海中的,不是很强烈,但是可以被我们自己去大大加以扩展。把一切事物拟人化,在外物中加入人性,这种趋势可能会被认为是先天就有的,但是它很快就会因为事物的物性而被文明人克服。让我们来谈谈重力与距离的平方成反比这一概念。这是一个很简单的规则。说它简单只是说大脑格外容易理解这个概念。乘法和平方都不难理解——但这就足以让我们发现太阳系的运动规律了吗？

因此，无可争辩的是，人类的头脑随着对世界的理解而增强；至少到目前为止，一些对这种理解高度重要的特定概念是自然而然在人类脑海中形成的；并且如果没有这些发展，人类的大脑永远不会有任何进步。

我们怎么解释这种进步呢？时间、空间、力这些概念，即使对于智慧最低等的生物，也是无比实用且不可或缺的，这告诉我们，这些概念都是自然选择的结果。如果没有几何学、动力学和力学概念，就没有动物可以获得食物或者做任何能保证种群存活下来的事情。确实，它会拥有产生同样效果的知觉；也就是说，它所拥有的概念可能和时间、空间、力学的概念不同，但却是根据它自身的经历得出的和这些概念意义相符的具体案例。这些动物在为生存斗争的过程中有巨大的优势，因为在新的环境中（在发育过程中是一定会遇到的），不仅它们的力学概念没有被瓦解，而且它们会不断选择正确的观念。因此，它们会认识所有科学都遵循的基本法则，也就是作用力取决于时间、空间和质量之间的关系。一旦这个观念足够清楚了，那么发现这些关系的确切性质就不再需要天才的大脑了。这个假设本身是说得通的，但是我们必须承认，它不足以说明它是否能高度准确地应用到对自然现象的解释中去，而且这里可能还有许多秘密等待我们去发现。

五

一些重要的逻辑问题取决于我们是否认为物质宇宙的范围有限、寿命有限，也就是宇宙在空间和时间上是不是无限的。在空间方面，我们可以设想存在一种包含整个宇宙在内的总体规划或设计，并且应该随时注意这种整体规划的迹象。在时间方面，由于我们能通过经验感知到的宇宙只不过是宇宙整体的九牛一毛，所以我们只能通过重复来发现自然界的模式。任何以宇宙整体为对象的设计都不是我们所能辨别出来的，所有时代的所有智者加在一起也无法辨别。现在，就像我们前一篇所说的那样，如果我们绝对无法获知某事，那么这件事就不可能是现实的。绝对无法发现某物的存在是一个荒谬的说法。因此，如果宇宙是无限的，在其内寻找任何包含宇宙整体的设计就是徒劳的，并且如果世界在宇宙空间中毫无限制地延伸，那么就没有"物质的整体"这么一说，也没有必要、没有可能存在一个普遍的掌控者。但是，如果在物质还绝对不存在以前，就有那么一种时间存在，如果在虚空以外事物的范围有一定的绝对界限,那么我们自然就会寻求对此的解释。并且,由于我们没办法从物质的事物中寻求,我们自然会假设有至上的无实体的存在,有世界的创造者和掌控者的存在。

对宇宙存在限度之证据的描述如下:从时间上来说,我们发现,地球从还是一个炽热的球体开始就在不断地发展,太阳系看起来是由星云凝结而成,并且这个过程仍然在继续。有时我们能看到恒星(它们可能也有自己的恒星系)毁灭、分解、变回星云的状态,但是,我们没有任何证据表明,星云阶段之前还有一个阶段,而星云就是从它发展而来的。这些都支持世界有一个开端的观念。从空间的界限来说,我们不确定自己是否看到了银河系以外的事物。偏好神学的人们因此不需要扭曲事实来迎合他们的想法。

但是,唯一符合科学的假设是:空间和时间中未知的部分与已知的部分一样,都已被占据。我们看到了生与死的循环,探寻出所有进化过程的结尾,这种过程同样适用于太阳系。太阳系中不同行星之间的距离相比于行星的直径真是太广大了;而我们所在的星系与其他星系之间的距离,相比于本星系的直径也要广大得多。因此,我们可以认为,其他银河星团存在的地方离我们太过遥远,让我们无法确定其存在。我不是说这些就是有力的归纳结论,而只是说,这些是在我们对事实一无所知的情况下所能提出的推论。更准确地讲,应该叫作"假说"。这种假说包括了事物和存在的概念，这些事物和存在在特性方面完全不同于我们所经历过的任何事物，比如脱离实体的神灵、物质的创造、与力学运动定律相悖的事物等。

我们应当做出的假定是，宇宙太过广大，以至于没有任何特性。当有人声称大自然的安排是慈爱的、公正的、智慧的，或是拥有任何其他的特殊性质时，我们就会认为这是一种偏见，这源于"宇宙是有限的"这一毫无根据的观念。迄今为止的研究都表明，这种慈爱、公正等都是最有限的特性——不管在程度上还是范围上都有所限制。

同样地，如果有人说发现了对组织机体结构的安排，或是对它们的分类法、对自然事物的排列规律、人体结构的比例、进化的顺序、天文现象和历史事件的对应、数字的意义、梦境的答案，那么我们要问的第一个问题就是：这些关系是否受物理学定律的规范？如果不是，那么就不能为人们所赞同，因为已经有一个强有力的推论与之相悖了。一般来说，后续的研究会把这些理论全部推翻。

对有些人来说，任何倾向、任何推论都是不合理的。我们很容易看出这些人是怎样的人。他们从未见过有充分根据的归纳，还觉得其他人的知识和他们一样混乱。所有科学都从推论而来（不是形式上的，而是真实存在的），这种说法对他们来说是毫无道理的，因为他们无法想象人类的知识中有任何可靠的一面。这些人就是在浪费他们的生命和金钱来研究"永恒运动"一类的无益课题。

某些有智慧的人也在研究神秘理论（这里我说的是物理学上无法解释的理论）。这些人强烈赞同这些理论。我们全都自然而然地会去相信这些事物，我们的教育也会加强我们的信念。结果就是，对大多数人来说，这种理论就是一切发生的前提。这些人找到了足够的证据支持他们的观点，并且因为缺乏经过验证的归纳逻辑，他们无法从这种信念中抽离出来。

但是，对于唯物论者来说，他们强烈否定任何神秘理论的推论。因此，那些致力于调和神学与科学，并且有科学头脑的人，他们的思想并没有其对手清晰。

在我看来，科学的精神的确是反对任何宗教的，除了瓦舍罗的学说。顺便提一下，我们也不能假设一个人在没有经过认真和充分讨论的情况下，就会参加一场可能是无神论的运动。

追求完美是宗教的核心，而任何涉及完美模式的超自然理论都会扼制对完美的渴求，这种想法是非常愚蠢的。的确，如果任何宗教中的传道人能成功地让大众相信，不接受特定的信条就没有该宗教，或者如果他们能成功地在宗教中掺杂民间信仰的某些教义，让民众们无法分辨出哪个宗教支持这些信条、哪个宗教反对这些信条，那么那些不相信这些信条是反宗教的民众就会被洗脑。我们也不能寄希望于这些传道人会宣传普遍的宗教,而不是他们信奉的那一门宗教。但是,那些不讲哲学的狭隘人士,那些捍卫宗教崇拜的人,也不一定要排斥人们共同的感受,阻挡人们公开地把这种共鸣表达出来。有些节日是与宗教信条相关的,比如复活节和圣诞节。如果我认为与这些信条混在一起的某些科学、逻辑学、形而上学观念站不住脚,我就不应该去参与到节日的庆祝中吗?不是的。这样做就相当于认为这些错误比真理本身更重要——这种看法没有多少人会认可。

第六篇 演绎、归纳和假设[1]

一

逻辑学家的主要任务之一就是给逻辑论证分类，因为所有推理的检验显然都是在分类的基础上进行的。逻辑学家们的典型分类法叫作"三段论"。举例来说，一种名叫 Barbara（拉丁语中三段论第一格的第一式）的三段论是下面这样的：

S 是 M；M 是 P；
因此，S 是 P。

用文字来叙述就是：

以诺和以利亚都是人；人都会死；
因此，以诺和以利亚都会死。

---

[1] 参见 1878 年 8 月《大众科学月刊》。

如何形成清晰的观点

在逻辑学中,"是 P"代表一切动词,包括及物动词与不及物动词。有严格的证明(为简明起见,此处不列出)可以得出所有论证可以转换到这个形式。然而,有一个前提:"是"必须理解为"就本论证而言,是"或者"代表"。下面举一个用这种形式表示的归纳论证的例子:

> 这些豆子有 $\frac{2}{3}$ 是白的;
> 但是,这些豆子是(代表)袋子里的豆子;
> 因此,袋子里的豆子有 $\frac{2}{3}$ 是白的。

虽然所有推论都可能通过某种方式归约为 Barbara 三段论,但未必所有论证都适合用这种形式来表示。相反地,为了表现出不同推论的不同特性,这些推论显然必须根据自身特点采用不同的形式。Barbara 三段论特别适合演绎推理;并且,只要我们从字面上去理解"是"这个词,那么归纳推理就不能套用到这个形式当中。事实上,Barbara 三段论不过是对一条规则的应用,也就是所谓的"大前提"。比如,人都会死。另一个前提就是"小前提",描述了这条规则下的一种具体情形。比如,以诺是一个人。结论就是把这条规则应用到情形中去,得到的结果就是:以诺会死。所有演绎都具有这种特征,那就是将普遍规则应用到具体情形中去。有时这种特征不是很明显,比如:

所有四边形都是图形；

但是，三角形不是四边形；

因此，有些图形不是三角形。

然而，这里的推理过程实际上是这样的：

规则——所有四边形都不是三角形；

情形——一些图形是四边形；

结果——一些图形不是三角形。

归纳，或者叫综合推理，不仅仅是将普遍规则应用到具体情形，因此永远不能归约到这种形式。

如果我们已知袋子中有 $\frac{2}{3}$ 的豆子是白色的，那么我们从中随机拿一颗，就可以通过演绎推论出这颗豆子可能是白色的，而概率是 $\frac{2}{3}$。我们实际上遵循了这样一个三段论推导：

规则——袋子里的豆子有 $\frac{2}{3}$ 是白色的；

情形——这颗被取出的豆子遵循如下规则，即最终被取出的白色豆子的相对数量，会和袋子中的白色豆子的相对数量一致；

结果——这颗被取出的豆子遵循如下规则，即最终结果会取出白色豆子的次数占 $\frac{2}{3}$。

如果我们不是取一颗豆子，而是随机抓出一把，得出的结论是这一把豆子中有大约 2/3 是白色的，这个推理过程也与上述相同。然而，如果我们不知道袋子中白色豆子所占的比例，那么我们随机抓一把豆子，发现这一把中 2/3 的豆子是白色的，得出的结论是袋子里大约 2/3 的豆子是白色的，那么我们就是把演绎推理的顺序倒了过来，从某个具体情形中反推出规则。如果抓了一把，结果颜色都一样的，那就更加明显了。在这一例子中，归纳推理的过程是这样的：

  这些豆子是从袋子里拿出来的；_____
  这些豆子是白色的；_____
  因此，袋子里所有豆子都是白色的。

它与演绎三段论恰恰相反：

  规则——袋子里所有豆子都是白色的；_____
  情形——这些豆子是从袋子里拿出来的；_____
  结果——这些豆子是白色的。_____

因此，归纳就是从具体情形和结果推论出规则的推理。

但是,得出综合推理不只有"反转演绎"三段论这一种办法。假设我进入一个房间,发现许多袋子,里面装着不同的豆子。桌子上有一把白色豆子,翻找以后,我发现只有一个袋子里全是白色豆子。我立刻就推测出一种概率,或者说是合理地进行了一个猜测:桌上那把豆子是从那个袋子里拿出来的。这种推论叫作"提出假设"[1]。这是从规则和结果推论出情形的过程。到此为止,我们有了如下推理。

演绎

规则——这个袋子里所有豆子都是白色的;

情形——这些豆子来自这个袋子;

∴结果——这些豆子都是白色的。

归纳

情形——这些豆子来自这个袋子;

结果——这些豆子都是白色的;

∴规则——这个袋子里所有豆子都是白色的。

---

[1] 之后皮尔士将其称作"假定推论"。参见鲍尔温(Baldwin)所著文章《概率推理》(*Dictionarg Art. Probable Inference*)。

假设

    规则——这个袋子里所有豆子都是白色的；

    结果——这些豆子都是白色的；

    ∴情形——这些豆子来自这个袋子。

据此，我们将所有推理做了如下分类。

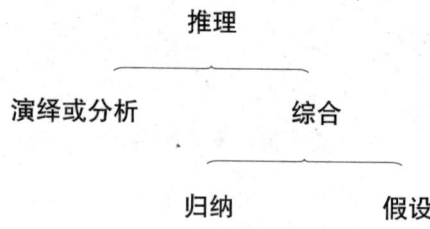

归纳就是从许多情形中总结出某个事实，然后推测出在整个类别中这个事实都成立。或者是我们认为某个事实在一定量的情形中占多少比例，然后推测出它在整个此类别的事物中也占同样的比例。假设就是面对一种有趣的情形，我们提出一种设想来解释这种情形，也就是这种情形是一种普遍规则的特例，于是我们就采纳了这个设想，这就是假设。或者说，我们发现在某些领域两个事物非常相似，于是推测它们在其他领域也极其相似。

有一次，我登上土耳其的一个省的港口，步行去游览一个地方。在路上,我看到了一个骑马的男人,周围有四个骑兵举着一个遮篷给他遮太阳。唯一我能想到会享受这种待遇的人就是本省省长,于是我推测他就是省长。这就是一个假设。

我们找到了许多化石,比如鱼的残骸,但我们是在这个国家遥远的内陆地区发现这些化石的。为了解释这种现象,我们认为海洋曾经吞没过这片土地。这也是一个假设。

有无数的文字和遗迹是关于一个名叫拿破仑·波拿巴的征服者的。虽然我们没有亲眼见过那个男人,但是若不假设他确实存在,我们就无法解释我们所看到过的文字和遗迹。这又是一个假设。

一般来说,假设本身并没有多大的说服力。它得出的结论通常对判断的影响很小,我们不会直接就相信这个结论,我们只是暂且假定这个结论为真。但是,除了程度上的差别外,这种推理和"我们感觉昨天做了某件事,于是就想起了这件事"并没有本质的区别。

二

除了通过反向应用演绎三段论,我们还有一种办法可以得出归纳或假说。如果从某种前提的真实性中得出了某种结论的真实性,那么,从结论的不真实就能推断出前提的不真实。因此,使用以下 Barbara 三段论。

  规则——人都会死；

  情形——以诺和以利亚都是人；

  ∴结果——以诺和以利亚都会死。

  现在，一个人可能会否定结果，肯定规则。在这种情况下，他就必须否定情形。

  否定结果——以诺和以利亚没有死；

  规则——人都会死；

  ∴否定情形——以诺和以利亚不是人。

  这种三段论叫作 Baroco，是三段论第二格的典型形式。另外，一个人也可能会否定结果，肯定情形，这样他就必须否定规则。

  否定结果——以诺和以利亚没有死；

  情形——以诺和以利亚都是人；

  ∴否定规则——有的人不会死。

这种三段论叫作 Bocardo，是三段论第三格的典型形式。

当然，Baroco 和 Bocardo 都是演绎三段论，但有其特殊性。逻辑学家们将其称为"间接形式"，因为要想将它们呈现为"将普遍规则应用于具体情形"的形式，我们需要做一些转换。然而，如果我们不用 Barbara 三段论必需的演绎步骤，而是用相似的形式做一个演绎推理，那么我们可以得到的间接形式就是：

Baroco 对应于假设；

Bocardo 对应于归纳。

举例来说，我们从一个 Barbara 演绎推理开始：

规则——这个袋子里大多数豆子都是白色的；

情形——这一把豆子来自这个袋子；

∴ 结果——这一把豆子可能大多数都是白色的。

现在，否定结果，肯定规则：

否定结果——这一把豆子有很少一部分是白色的；

规则——这个袋子里大多数豆子都是白色的；

∴ 否定情形——这些豆子可能来自其他袋子。

这就是一个假设推理。下面否定结果，肯定情形：

否定结果——这一把豆子有很少一部分是白色的；
情形——这些豆子来自这个袋子；
∴ **否定规则**——袋子里可能很少一部分豆子是白色的。

这就是归纳推理。

因此，综合推理和演绎推理之间的这种关系不是没有意义的。我们采取一种假设，不仅是因为它能解释已观察到的事实，还因为与之相反的假设能解释与已观察到的事实相反的事实。我们得出归纳结论，也不仅是因为它能解释这一样本的特征分布，还因为如果是另一种规则的话，样本就不会是现在的样子。

但是，这种考虑问题的方式的优势很容易被高估。归纳就是以规则为对象的推论。将归纳认为是对某条规则的否定，这是一种人为的规定；这种规定之所以可以被接受，是因为当我们把关于数值或比例的命题视为规则时，这条规则的否定也同样是规则。接着来看，假设就是把某个情形归入某个类下，而非把这个情形归入这个类的对立面之下；除非我们这样来看，即如果否认把这个情形归入这个类下，那么就以为要把这个情形归入另一个类下。

Bocardo 可能被认为是一个归纳推理，它得出的结论非常模糊，以至于很难看得出其扩增的性质。以诺和以利亚是某一类人的样本，这一类人都有不死的特性。但是，我们没有大胆地得出结论说所有虔诚的人或者敬奉上帝的人都是不死的。我们没有具体描述这类人，而只是得出了一个解释性的推论，也就是一些人是不死的。Baroco 也是一种很保守的假设：以诺和以利亚是不死的。我们或许可以更大胆一些，假设他们是神祇或者类似的存在。但是就目前而言，还是局限于一个较保守的假设较好：他们拥有某些不同于人类的性质。

但是，毕竟 Baroco、Bocardo 与 Barbara 之间有巨大的差异，即归纳、假设与演绎之间有巨大的差异。Baroco 和 Bocardo 基于这样的事实：如果结论的真实性必然源自前提的真实性，那么前提的不正确就是源自结论的不正确。这个事实总是正确的。但是，当归纳只是一种可能的话，情况就不同了。无论怎样都不可能得出这种说法：某个前提的真实性可能推断出某个结论的真实性，因此结论的不正确就可能会导致前提的不正确。至少，就如我们前面的论文中看到的那样，只有当"可能"这个词在前提和结论中的意思不一样时，这种说法才可能是正确的。

三

现在，一张破碎的纸上有某个未署名的作者写的文字。我们怀疑作者是某个人。他的桌子只有他自己使用。我们检查之后发现他的桌子上有一张同样破碎的纸，其撕裂边缘的形状与之前发现的纸完全相符。我们说这个人就是前面那张纸的作者，这就是一个假设推理。这个推理的依据显然在于，两张破碎的纸可以完全拼在一起绝不会是巧合。有许多推理都是这种类型的。但是有一小部分也可能是不可靠的。假设和归纳非常相似，有许多逻辑学家混淆了二者。假设被认为是对特点的归纳。我们在某物上发现了某个类的一些特点，于是我们推断该物拥有该类的所有特点。这与归纳推理遵循着同样的原则，但是表现形式不同。首先，特点不像物体那样可以简单罗列；其次，特点按照不同类别分类。当我们遇到纸张那类假设推理时，我们只检查一种或两到三种特点，而不是把所有其他样本都包括进来。如果假设和归纳是一回事，那么我们在上述的例子中，唯一要在结论中证明的就是，这两张通过观察发现撕裂形状完全相合的纸也可以与其他撕裂的纸张相合，只不过撕裂形状的相合度要低一些。从纸张形状到纸张归属的推理正是假设与归纳不同的地方，并且比归纳推理更大胆、更冒险。

这里同样需要注意的是，归纳推理是在自然的统一性原则基础上得来，而假设推理则不是这样。这种说法不仅没有解释推理方法的合理性，而且会导致错误的推理方法。毫无疑问，自然中确实存在某种统一性，它会大大提高假设推理的效力。比如说，我们认为太阳中存在铁、钛和其他金属元素，因为我们在太阳光谱中发现了许多射线，这些射线都与上述金属元素发出的射线一致；并且我们知道，不同元素的射线之间存在着显著的差异，于是这个假设推理得到加强。但是这是演绎性的，即便没有这条附加的信息，假设本身依然可能成立。

实用逻辑学中有一个最常见也是最严重的错误：发现两个东西在某些方面相似，就想当然地以为它们在其他方面同样相似。证明这种观念的谬误需要严格的论证，但是过程相当繁复（要用到各种字母、符号等），读者大概不会很感兴趣，所以这里就省略了。然而，有一个例子或可证明这一观点：比较神话学致力于在各种传说故事中寻找太阳活动与英雄经历之间的相似点；基于这些相似点，他们推测这些英雄是太阳人格化的产物。对于我来说，他们的论证过程非常不清晰。有一位非常有才华的逻辑学家，为了证明这种推测多么无用，专门写了一本小册子，并用同样的方式"证明"了拿破仑·波拿巴是太阳人格化的产物。他列举的无数个相似点读起来真是精彩绝伦。事实上，如果隐藏的相似点也算在内的话，任意两个事物之间都能找出相似的地方。但是为了让假设得出可靠的结果，我们必须要遵循以下规则。

1. 假设必须清楚地以疑问的形式提出，然后再进行观察和检验。换句话说，假设必须提出可以检验的预测。

2. 记录相似点时必须随机选取样本，而不能专门去检验假说中已知成立的预测。

3. 不管推测的结果是正确的还是错误的，都要记录下来。整个过程必须是不偏不倚的。

有些人毫无根据地认为，正面或反面的偏误对发现真相是有利的——激烈的、有所偏袒的论辩是调查的唯一方法。这就是我们粗暴的法律程序所秉持的理论。但是，逻辑学并不认同这种说法。它无可辩驳地证明了只有真正渴望知识才能促进知识的发展，固执己见、滥用职权，以及所有试图得到意料之中的结论的方法，都是毫无意义的。这些都已经得到了证实。如果一种说法没有提出证据，或者读者没有自己做过验证，那么读者可以肯定它，也可以否定它，都没有关系。于是，只要读者愿意，他大可以对几何学发表任何看法。换句话说，如果他阅读欧氏几何只是为了好玩，自然不妨跳过那些烦琐的步骤。原因在于，如果他认真地去读这些晦涩的论证，他就会发现自己再也不能对几何学"自由"地发表自己所谓的见解了。

有多少人可以扪心自问："我真的不仅要知其然，更要知其所以然吗？"

目前为止，归纳和假设的最基本原则都已经讲完了。还有许多其他准则是为了让综合推理的论证更加有力而设计的，这些准则同样极其重要，不应该被忽视。密尔的"实验四法"就是一例。不过，即便我们完全不了解这些附加的原则，归纳和假设仍然可能发挥奇效，有时也确实发挥了奇效。

四

不管在哪里，完美的分类法是不存在的。即使是在拥有巨大差异的解释性和扩充性推理中，也能找到处于两者边界上的例子，这些例子同时具有两类推理的某些特征。归纳和假设之间也是这样。总的来说，这种差异巨大而明确。通过归纳，我们得出结论，观察到的事实在没有检验过的案例中同样适用，这些事实与观察到的事实一样正确。通过假设，我们根据已知的法则，得出某些观察到的事实必然会导致另一些事实，而后一类事实与我们所观察到的任何事实都截然不同。前者是从特例到一般法则的推论，后者则是从结果到原因的推论。前者是归类，后者是解释。只有在一些特殊的案例中，我们才会一时间搞不清楚给定的推理属于哪种类别。一个这样的特例就是，我们不是在相似的情形下观察相似的事实，而是在不同的情形下观察不同的事实——然而，事实上的差别与情形上的差别存在着确定的关系。这种推理实际上是归纳，但它们有时非常明显地表现出与假设的相似之处。

我们知道水遇热会膨胀，于是观察了不同温度下恒定质量水的体积。做了几次观察后，我们推导出一个代数公式来表示出体积和温度的关系。举例来说，如果 v 代表相对体积，t 代表温度，关系公式是：

$$v = 1+at+bt^2+ct^3$$

通过随机代入其他温度来验证，这个公式得到了确认；我们得出了归纳结论，即我们抽取温度样本范围内的所有观测都适用此公式。只要确定了这个公式是可用的，那么得出 a、b、c 的数值就只是算术问题了，它就是最贴合当前观测的公式。物理学家称这种公式为"经验公式"，因为它是仅仅依靠归纳得出的，没有任何假设对其进行解释。

这种公式虽然对概括观察结果非常有用，但是对于科学发现却没有太大的作用。它所体现出的归纳，即遇热膨胀（或其他任何相关现象）是以渐进的方式发生的，并非突然的飞跃或是大幅度的波动，这种归纳虽然非常重要，却不会引起关注，因为这是我们意料之中的事。但是，它的缺陷是非常严重的。首先，只要观察可能存在误差——所有观察都免不了误差——那么公式就与事实不是完全准确的对应关系。问题还不仅在于观察误差，公式本身也可能存在问题，因为公式就是从错误的观察中推导而来的。另外，即使公式没有出错，我们也不能认为真实情况就可以通过这样一个公式表达出来。它们可能还可以通过相似的其他公式表达出来，只不过这些公式拥有无穷多的项数。但是，既然这些公式要写下无穷多的系数，那么对我们还能有什么作用呢？当一个量随着另一个量改变时，如果已知相对应的数值，那么只需要数学上的创造力来找到表达它们关系的简单方法即可。如果某个量是某个种类——比如比重，另一个量是另一个种类——比如温度，那么两者关系的表达式就必然存在常数。原因是这样的，比方说，我们现在研究的是比重和温度，比重用纯水密度的倍数来表达，温度用摄氏度来表达，并且公式里面没有常数，那么只要单位换了，公式的系数就会发生改变。但是，我们希望得到的公式不应该随着单位的变化而变化。

当我们发现这种公式时，它就不是经验公式了，而叫"自然规则"，并且迟早会据此得出一个假设来解释它。这些简单的公

如何形成清晰的观点

式并不总是完全正确的，但它们非常重要；如果假设不仅可以解释公式，还可以解释公式的误差时，它就取得了真正的胜利。在当代物理学中，这种重要的假设被称为"理论"，而"假设"这个词仅限于缺乏证据支持的提议。"假设"这个词一直被人们轻视，这是有原因的。我们以为可以从自己的头脑中自发地形成准确的自然规律，这只是幻想。正如培根勋爵所说："大自然的精妙是感官和智慧远不能及的，因此这些优秀的冥想、思索、人类的推论都是一种荒唐的行为，将来也无人可以对此进行阐述。"成功的理论不是纯粹的猜想，而是推理引导下的结果。

气体分子运动论就是一个很好的例子。这个理论是对若干简单公式的解释，其中最主要的一个就是波义耳定律。这个定律就是说，如果空气或其他任何气体被放置在一个活塞气缸中，测量它一定压强下的体积，比如是15磅每平方英寸，那么接着在活塞上再加上15磅每平方英寸的体积，气体就会压缩成它体积的一半。以此类推。这个实验得出的假设推理是，气体是非常小的固体颗粒，它们彼此相距甚远（与它们自身的大小相比），不断地高速运动，并且除非恰巧离得非常近，否则它们之间不存在很强的吸引力或排斥力。承认这一点之后，我们自然可以得出结论：气体在一定压强下之所以不会收缩体积，不是由于单个分子的不可压缩性，而是因为分子之间没有互相接触，也没有受到压力；气体压缩其实是因为活塞挤压了气体分子，活塞越向下压，气体体积越会收缩，气体分子靠得也就越近；在任意时刻，一定距离内的分子数量就越多，分子在受到影响而改变运动轨迹之前经过的距离就越短，给定时间内改变的运动轨迹就会越多，撞击活塞的分子数量也会越多。这就解释了波义耳定律。这个定律并不精确，但是假设推理并不能精确地引导我们得出这个定律。因为，首先，如果分子很大，那么由于分子间平均距离减少，它们彼此相撞的概率会更大，最终会使它们撞击活塞的频率更高，并且会对活塞产生更多压强。其次，如果分子间彼此有吸引力，它们会在合理的时间内保持对彼此的影响，最终就不会像它们没有吸引力那样经常撞击气缸壁，并且压缩产生的压力会更小。

1738年，气体分子运动论由丹尼尔·伯努利首先提出，那时它仅仅是根据波义耳定律提出的，因此完全是一个假设。正因为如此，这个理论理所当然地被人们忽视了。但是现在，这个理论却已经在许多其他方面得到了印证；它不仅与观察到的众多不同种类的事实息息相关，还得到了热力学理论的支持。在没有产生或破坏物体运动的情况下，那些彼此吸引、会相互接近的物体，或是彼此排斥、会相互分离的物体，总是伴随着热量的变化。这种结论与纯粹的归纳相去不远。现在有实验表明，当气体在不做功的情况下膨胀，也会损失少量热量。这证明了气体颗粒之间有轻微的吸引力，但是吸引力非常小。接着我们就可以得出，当一种气体受到压力时，防止它体积压缩的不是颗粒之间的排斥力，因为它们之间根本没有排斥力。现在，我们只知道两种作用力：静力（即引力和斥力）和动力。因此，既然气体膨胀的作用力不来自静力，那就一定来自动力。这样看来，气体分子运动论是从热力学理论而来的演绎推理。然而，通过观察得知，它提出同样的力学定律（即只有两种作用力）适用于我们可以亲眼看见和检测的物体之间，也适用于与之完全不同的分子之间。这种推测只能通过归纳得到微弱的支持。我们之所以相信这种推测，主要是因为它与波义耳定律之间的联系，因此这个推测被认为是一个假设推理。但是，我们必须承认，如果不是与力学定律之间紧密的联系，气体分子运动论就不会受到那么大的重视。

归纳和假设之间有极大的区别。前者推测现象的存在，在相似案例中观察现象；而假设提出的是与我们直接观察到的完全不同的事物，并且通常这种事物是我们完全无法直接观察到的。据此，当我们将归纳延伸到观察范围之外时，推理就有了一部分假设的性质。如果某个归纳只是稍微超出了观察的范围，就说它完全站不住脚，这当然是荒谬的。我们可以合理超出的范围有多大呢？这也没有一定的答案。我们只能说：超出的范围越大，得出的推论就越不可靠。但是，如果一个归纳超出经验太远，那我们也是无法再去相信它的；除非超出的部分可以解释我们已经观察到或可以观察到的某些事实。于是，我们就得到了一种归纳与假设相互支撑的推论，大多数物理学理论都属于此类。

五

按照之前的划分方法，综合推理包括归纳和假设[1]，这是没有任何疑问的。这种分类的实用性和价值在应用中得到了验证。

归纳显然是比假设更有力的一种推理；这是区分两者的第一个优点。假设有时被视作一种临时手段，在科学研究的过程中会为归纳所替代。但是，这种看法是错误的。假设推理经常可以推断出无法直接观察到的事实。"拿破仑·波拿巴存在过"就是一个假设。假设怎么可能会为归纳所取代呢？也许有人会说，从"如果拿破仑存在过，我们之前观察到的事实就会是这样"这一前提出发，我们可以得出"我们之后会观察到的事实也会是这样"。毫无疑问，每个假设推理都可以像这样在表面上被改造成

---

1 这种分类是笔者在某一节讲座中首次提出的，时间是1866年波士顿洛威尔学院提出这种分类以前，并且于1867年4月9日刊印于《美国文理科学院论文集》。

归纳的形式。但是，归纳的本质是它可以从一套事实中推断出另一套相似的事实，而假设是从一种事实推断出另一种不同的事实。现在，从拿破仑时代的历史现实中，我们观念的事实基础不一定仅仅是通过拿破仑的存在得到解释。也可能是在他那个时代中，事件以某种我们现在无法想象的形式被记录了下来，比如其他邻近星球上的智慧生物给地球拍了照，那些照片中的一大部分不知何时就会被我们获得；或是当光到达某个遥远的恒星，恒星上的某面镜子就会照出这些事件，然后我们在地球上看到。不要去想这些假设多么不可能，因为一切发生的事件都有无限的可能性。我不是说这些事情很有可能发生。我的意思是，"拿破仑存在过"带来的某些影响现在看起来是不可能的，但是总有一天会被人提起。假设主张的是当这些事情的确发生的时候，它们就会证明，而不是证否某个人的存在。我们不可能通过归纳得出假设性结论，这就是我们区分这两种推理的第二点用处。

这一区分的第三个优点是，就事实的理解方式而言，二者在心理上甚至生理上都有很大的差别。归纳推断出规则。规则观念是一种习惯。很明显，习惯又是活跃在我们身上的一种规则。每一种观念都是出于一种习惯性。在本文集的前几篇文章中也谈过这一点。因此，归纳是表达一种习惯形成的生理过程的逻辑公式。与此相对，假设则是用单一的概念来替代对某事物纷繁混乱的判断。在这里，思维活动表现出一种特质：每一个思维判断都是事物所固有的。在假设推理中，这种复杂的感觉被更强的单一感觉所替代，让思维生成一种假设性结论。现在，当我们的神经系统以一种复杂的形式兴奋起来时，就会最终形成一种单一的和谐干扰机制，我称之为"情感"。因此，当我们听到管弦乐队不同乐器发出的不同声音，就会获得一种特殊的、与音乐本身不同的音乐情感。这种情感大致等同于假设推理，每个假设推理中都会形成这种情感。因此我们可以说，假设产生思维的情感要素，而归纳产生的是习惯要素。演绎没有在前提中增加任何东西，而只是从中选取一个方面，然后引起人们的注意。这不妨被认为是"引起注意"这一活动的逻辑公式，是思维的意识要素，对应生理学上的神经放电过程。

区分归纳和假设还有一个优点：借此可以将科学以及科研人员自然地加以分类。科学家们的技能是最能区分各类科学家的依据。我们不能期望整日与书本为伍的人和天天在实验室里工作的人有什么共同特点。但是，除了这种区分之外，最重要的区分就是推理模式。在自然科学中，首先有分类科学，这完全是归纳性的——系统植物学、动物学、矿物学、化学。然后有理论科学，如上文所述——天文学、纯粹物理学等。最后又有假设性的科学——地质学、生物学等。

我们提到的这种区别还有许多其他的优点，这里我留给读者，希望读者可以通过实验发现它们。读者只要采取习惯的思考方法，考虑一下给出的推理是否与本书正文第 125—126 页给出的一种或两种综合推理形式相符，就一定能够总结出其他形式的优点。

第二部分 爱与偶然

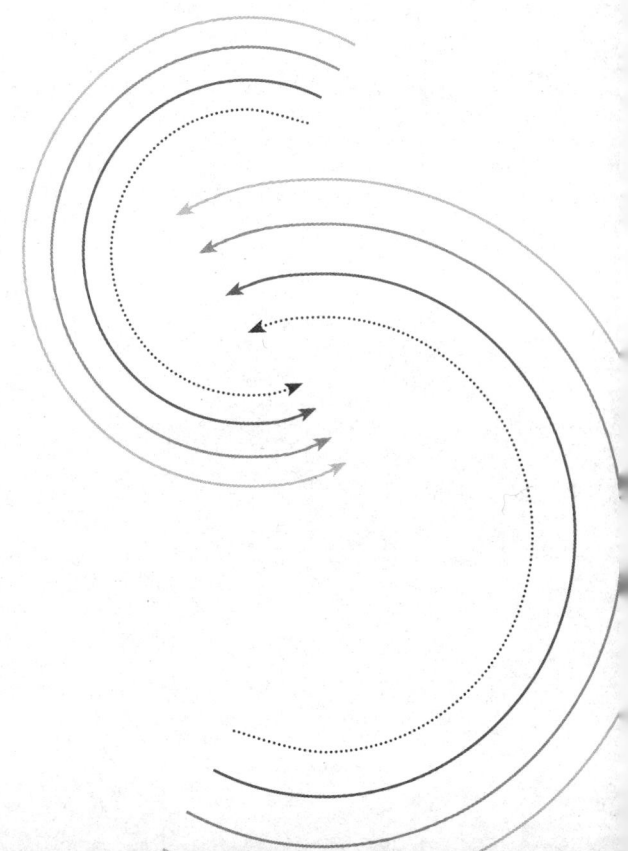

第一篇　理论体系[1]

　　在世界历史的不同阶段提出过的哲学体系没有100种，也有50种；这些体系中可能有很大一部分不是历史演变的结果，而是由体系创造者偶然间闪现的绝妙思想演变而来。从一个有意义、有成效的办法出发，把它推而广之，强行用来解释一切现象。英国人格外喜欢这种做哲学的方法，比如，托马斯·霍布斯（Thomas Hobbes）、大卫·哈特莱（David Hartley）、乔治·贝克莱（George Berkeley）、詹姆斯·穆勒（James Mill）。不过，这绝对不是在做无用功，而是告诉了我们这些发展过的想法真正的本质和价值，也为哲学提供了可用的材料。比如有一个人，他坚信纸是盖房子的好材料，于是他就要去建造一个以压缩纸浆为材料的房子，他用油纸建屋顶、纸板做地基、石蜡纸糊窗户，还有烟囱、浴缸、门锁等都用各种纸做成。虽然他建成的房子一定很不好，但是他的这个实验可能会为建筑师提供宝贵的经验。哲学上

---

[1] 参见1891年1月《一元论者》。

也是这样,那些只包含单一思想的哲学体系固然不失趣味和指导意义,但仍然是有待完善的。

剩下的哲学体系都有改良的性质,有时还很激烈。之所以要改,是因为之前的体系有一些模糊的、无法解决的难题,这些难题很大一部分最后都会成为一个新理论产生的动力。这就好比把一座房子部分重建。之前在改良中也犯过一些错误,有的是不够彻底,有的则是用力不够,新增的部分与原有合理的部分没有达到有机的融合。

一个人要建造一座房子之前,要做好多少考虑才能安全地破土动工!要付出多少努力才能精确地列出所有需要供应的物品!要做多少研究才能弄清哪种材料最经济适用、哪些材料最适合哪种建造模式!才能回答上百个诸如此类的问题!为了避免推衍过甚,我们现在可以总结一下:一个伟大的理论建构之前进行的研究工作,应该和建造一座房子前进行的准备工作一样审慎和彻底。

一个理论体系应该像建筑一样严谨合理,这种说法是从康德起就一直被宣扬的,但是我并不认为人们理解了这条准则中的全部含义。我的建议是,每个想要针对一个根本问题得出一套观念的人,都应该首先对前人的知识做一个完整的调查,记下每一种科学分支下的每一个重要概念,观察它们在哪一个方面取得了成功,又在哪里失败过,根据这些彻底的了解,得到对于哲学理论有价值的材料，认识到每种哲学理论的性质和优点，这样他才能进一步研究哲学解决的问题是什么，以及合适的解决方法是什么。我不会面面俱到地去理解所有前人研究中包含的全部内容，相反地，我要故意略过一些点，要有突出的重点。也就是说，对于可能构建出自己的哲学理论的基础概念做一个系统的研究，判断出每一个概念适用于哪一个理论，会有怎样的发展。

要想把这一点讲透，恐怕一本书都不够。但是，为了阐明我的意思，我还会对其他几门学科稍微谈几句，看里面有哪些概念对哲学会有助益。至于研究结果，它们虽然给了我很大启发，但下文中我只会对其进行概述而已。

我们可以从力学开始——如今这个领域可能包含有史以来人类科学中最伟大的成就——我是指能量守恒定律。但是，还是让我们回到现代科学思想的第一步——也是巨大的进步——伽利略开创的力学。读过伽利略著作的现代物理学家会很惊讶地发现，在建立力学基础之时，伽利略所做的实验竟然是那么少。他借助的是常识和"自然之光"。他认为，真正的理论一定是简单、自然的。比如说，一个物体依靠自身惯性沿直线移动，而直线对我们来说是最简单的线条。对于曲线本身来说，每一种曲线都是最简单的。直线系、抛物线、各种曲线都是相似的。但是，我们认为直线是最简单的，是因为就像欧几里德说的那样，直线在两端之间是平的；换句话说，站在末端看的话，直线就是一个点。再举一个原因：光是沿直线传播的。光沿直线传播，是因为直线在动力学定律中所起的作用。而且，我们的观念是在力学定律下发生的现象的影响下形成的，这些定律的特殊概念深植于我们的思想中，因此我们很容易就能猜测出这些定律具体是什么。如果没有这样自然的提示，只能茫然地搜索贴合现象的定律，那是永远找不到的。物理研究与直接影响我们头脑发展的现象关联越远，我们就越不可能发现这些"简单"的定律，即自然形成于我们脑海中的那些概念。

　　伽利略的研究，以及后续惠更斯和其他人的研究，带来了现代的力学概念和定律，为人类知识界带来了变革。17世纪时，力学得到极大的重视，很快相关概念就被用于哲学，促进机械论哲学的兴起，"物质宇宙中的现象均能用力学原则解释"这种学说盛行开来。牛顿的伟大发现为这种趋势注入了新的动力。"热量由运动微粒组成"这种旧观念现在被应用于对气体主要性质的阐释上。这个方向的第一个提议就是，气压可以通过密封容器里气体微粒受到挤压来解释，这解释了波义耳定律中空气的压缩性。之后，气体的膨胀、阿伏伽德罗化学定律、气体扩散和黏度、克鲁克斯辐射计的发明都被证明是同一种分子运动论带来的结果。但是其他现象，比如温度与压强的比率，就需要额外进行假设推理了。对于这些现象，我们没有理由认为它们是简单的，因此我们就会发现自己很难理解。光也是同样。光是由振动产生的，这个概念几乎已经被衍射现象所证明，虽然偏振显示出了粒子垂直于传播路径的偏移，但是色散等现象需要非常复杂的额外假设。因此，对分子光谱的进一步分析过程是非常不确切的。如果假设推理是随意进行的，或仅仅是因为它们适用于某种特定的现象，那么，比方说全世界的数学物理学家一一检验每个理论平均需要花费半个世纪的时间，又因为可能的理论在此期间可能会增加到几万亿个，而只有一个理论是正确的，那么我们这一代人大概是不可能在这个学科上取得什么进展了。当我们谈到原子时，"定律要简单"这条假设就很站不住脚了。力学基本定律对于单个原子是否适用很值得质疑，而且看起来这些原子的运动有极大的可能性不只在三维空间。

为了对分子和原子有更多发现，我们必须去探索自然规律的"自然史"。它能告诉我们什么样的定律是可以期望达到的，还会回答这样一些问题，比如"我们可不可以假设原子之间的吸引力与距离的7次方成反比，这是合理的做法，还是纯粹在浪费时间？"在力学发展的初期，这样的过程同样发生过。找不到合理的阐释说明，只有无法理解、荒谬的观点，就认为自然的普遍规则可以被人类理解，这种想法是非常不合理的。统一性正好是需要做出解释的一种事实。抛出的硬币有时是正面,有时是背面,这种事实不用专门解释;但是,如果它每次都是正面,我们就要知道这种结果是怎么得来的。真正的定律都是需要解释的。

如今,唯一能解释自然规则和统一性的方法就是认为它们是演化的结果。这就是假设它们不是绝对的,不用完全精确地遵守。这使它们在自然中具有不确定性、自发性、绝对的偶然性。这就正如我们在试图证明任何物理定律时,发现观察的结果不能完全被此定律解释,于是将不相符归罪于观察失误。所以,我们必须假设,许多小的不相符之所以存在,就是因为定律本身说服力不足,以及任何公式与事实都有偏差。

赫伯特·斯宾塞希望以力学规则为基础来解释进化论。这个想法不合逻辑,原因有以下四点。第一,进化原则不需要外因,我们可以假设,演化的趋势来源于偶然形成的微小细菌本身。第二,定律比起其他事物都更应该是进化的结果。第三,确切的定律显然不能从同质性中生出异质性,异质性是宇宙最明显、最突出的一个特点。第四,能量守恒定律相当于说所有力学定律下的运算都是可逆的,因此,一个直接的推论就是,演化不能被那些定律解释,即使这些定律与演化的过程不相悖。总之,斯宾塞不是一个哲学进化论者,而只是半个进化论者——或者你也可以这么说,他仅仅是一个半斯宾塞哲学体系的支持者。现在哲学需要的是彻底的进化论，或者彻底的非进化论。

达尔文的理论是，进化是由两个因素共同引起的。第一个因素是遗传，遗传导致子代与亲代相似；他也给"突变"，即意外变化保留了空间——这种变化一般很小，较大的变化就很罕见了。第二个因素是物种的消失，它们的出生率和死亡率发生了失衡。达尔文的这个原理显然具有很强的推广空间。只要有大量个体，它们倾向于保留某些特征不变，然而这些倾向又不是绝对的，而是有随机变化的空间，那么，如果在某些方向上的变化量的绝对值是有限的，因为突破界限的变化会导致消亡的结局——在这种情况下，渐变的趋势就会形成。于是，如果有一百万名赌徒在进行一次正常的赌局，因为不断会有人输光离开，其余人的平均财富就会不断增加。这无疑是一个可能的演变法则，无论在动植物种类的演化中起了多大或多小的作用。

拉马克理论也认为，物种的发展是通过一系列不明显的变化发生的，但是这些变化是在个体的生命过程中发生的，是努力和练习的结果。除了保留这些变化外，繁殖在这一过程中不起任何作用。因此，拉马克理论只是解释了个体努力带来的演化，而达尔文理论只解释了对种群有益的变化，哪怕对于个体而言，这些变化可能是致命的[1]。但是更普遍、更符合哲学的构思是，达尔文的进化是通过随机性和优胜劣汰发挥作用，而拉马克的进化是通过习惯和努力发挥作用。

　　进化论的第三个理论是由克拉伦斯·金提出的。化石证明，在一般情况下，物种不会变化或者几乎不会变化，但是发生重大灾害或变迁后，物种会快速变化。在新的环境下，我们经常看到动物和植物在繁殖中发生极大的变化，有时在个体生活中都会有反应。毫无疑问，这一现象部分是由于生活习惯被打破而导致活力衰减，部分是由于食物被改变，还有部分是由于生物侵入的直接影响。如果进化以这种方式进行，就像达尔文和拉马克所认为的那样，不仅没有一个单一的步骤，无法察觉，而且一方面既不是偶然，另一方面也不是由努力决定的。相反，进化是受环境变化的影响，并且具有让生物体适应该环境的积极的普遍的趋势。因为一旦衰弱或受到刺激，这些变化对器官的影响就格外明显。这种通过外力和习惯打破的进化模式，似乎得到生物学和古生物学一些最广泛和最重要的事实的支持。但是，在人类制度的发展史中，这确然是最主要的因素。观念变迁也是一样。在宇宙的普遍演化过程中，它的作用也是极其显著的。

1　新达尔文主义者维斯曼表明，生物终有一死几乎是达尔文理论的必然结果。

第二部分　爱与偶然

通过心理学，我们发现思想的基本现象分为三类。首先，我们有感受（feeling），包括一切当下的感觉，如痛苦、忧郁、快乐、思考前后一贯的理论时产生的感觉等。感受是一种拥有独立特征的心理状态，独立于任何其他的心理状态。换句话说，感受是意识的一个要素，这个要素可能会超越其他状态，直到占据整个思想，即使这样原始的心理状态是不可能真的出现的，也算不上是真正的意识。尽管如此，我们还是可以想象到，或者说假想到这样一种情况，即忧郁笼罩了整个头脑，令人排除了关于形状、外延、比较、起止等一切想法。感受一定是完全的、简单的，因为如果它也是由部分组成的，这些部分也会存在于头脑中。这样的话，它们构成的整体，也就是感受本身反而不可能独占思想了[1]。

除了感受，我们还有反应感（sensation of reaction），就像一个被蒙住眼睛的人撞到杆子上，或者我们进行肌肉运动，或者一种感受被另一种感受取代。假设我的脑海里没有任何东西，只有一种忧郁的感受，但是突然之间来了一种痛苦的感受，那么，在这个瞬间，当忧郁的感受转向痛苦的感受时，就会产生一种反应感。如果我有记忆的话，那么这种反应感还会持续一段时间，而

---

[1] 感觉或许是复合的，但复合的对象只可能是知觉。这种知觉与那种感觉是不同的，甚至可能根本不是感觉。

且还会有一种与之相关的感受或情绪。最后这种感受可能会在记忆中消逝，忧郁和痛苦的感受则继续保持（我的意思是，我们可以想象到这样一种情况）。但是，反应感不可能单独存在，除非忧郁和痛苦这两种感受是实际存在的。只要我们有这两种感受，并且注意它们之间的关系，那么就有我所说的反应感。但是，对于行为和反应的感觉有两种：它可能是对两种想法之间的关系的感知，也可能存在于感受与某种感受以外的东西之间。这种外部反应感又有两种形式：要么是发生在我们身上的事情，我们完全是被动的一方；要么是一种抵抗，即针对不存在感受的事物的感受。因此，反应感就是感受之间的联系或比较，要么是一种感受和另一种感受之间，要么是一种感受与感受的缺失或感受的降低之间。后者又可以分为两种：一种是感受的发生感，另一种是感受的弱化感。

"普遍概念"（general conception）与感受和反应感，或者说感受的扰动都截然不同。在我们思考的时候，我们意识到感受之间的联系是由一般规则决定的，并且我们受制于习惯。智力只不过是养成习惯并在某些情况下应用习惯的工具，即与感受联结形成的情况类似，但是在一些非本质方面差别很大。

精神行为的一个主要和基本的法则是倾向于泛化。感受往往会扩散，感受之间的联系会唤醒新的感受，相近的感受会被吸收，观念也很容易自我复制。由此可见，关于思想发展规律的公式有很多。在感受受到干扰的时候，我们就会获得意识和经验，新的干扰将很容易被之前的干扰吸收。由兴奋引起的感受也更加容易兴奋，特别是按照以前兴奋的方式。对这种习惯的意识就构成了"普遍概念"。

通过将心理概念与生理观念联系起来，可以纠正人们对心理学概念的朦胧感。只要神经细胞处于兴奋状态，感受就可能是存在的。感受的扰动，或者叫反应感，都伴随着神经细胞或神经细胞与肌肉细胞之间的扰动进行传播，或者是神经细胞受到的外部的刺激。一般观念的形成是由于神经元习惯的形成所致，因为这些习惯是因其活动而导致的分子变化，并且可能与营养有关。

习惯法则与物理定律形成了鲜明的对比。物理定律是绝对的，它需要的是一个精确的关系。因此，物理上的力通过平行四边形法则把系统各组成部分的力进行组合或分解，但是，这个分量运动必须严格遵循力学定律。心理法则则不需要完全一致。而且，完全一致甚至是违背法则的，因为这会让思想固化，阻止新的习惯形成。心理法则只会让某些感受更容易发生。因此，它类似物理学的非保守力，例如黏滞力，这是由数以亿计的分子达成统计上的同一性导致的。

心物二元论的旧观念在笛卡尔哲学中占据突出地位，而今天却几乎无人认同。如果拒绝这一点，我们就会受到某种形式的"物质感觉论"（hylopathy）的影响，也就是所谓的"一元论"的影响。问题就在于，我们要如何看待物理定律与心理法则之间的关系，具体如下所述。

1. 两者是独立的，这种观点通称"一元论"，但我倾向于称之为"中立论"。

2. 物理定律是第一性的，心理法则是从中衍生出来的具体理论，这就是唯物主义的。

3. 心理法则是第一性的，物理定律是从中衍生出来的具体理论，这就是唯心主义。

在我看来，唯物主义既违背科学逻辑，也违背常识，因为它要求我们假设存在一种机制会带来对终极的、不可言说的规律性的感受，而这种假设是绝不能归约为理性的。这种理论唯一的立足点就是它能够给事物清晰、合理的解释。

中立论受到了一种逻辑准则的谴责，即奥卡姆剃刀原理：如无必要，不应增加独立的实体。根据这种理论，物质的内部和外部似乎被置于同等的地位，两者都是第一性的。

客观唯心论是一种合理的宇宙论：物质就是弱化的心智，根深蒂固的习惯就是物理定律。然而，这种观点必须先解释空间的三维性维度、运动定律和宇宙的普遍特征，并达到数学意义上的清晰和准确,如此方能得到大众的认可。一切哲学都应达到同样的要求。

现代数学中有很多观点可以被应用到哲学中。我在这里只能提出一两点。数学家的推广方法就很有指导意义。画家经常将一幅画设想成由从自然物体发出的、射入眼睛的多条相互交织的光线构成的平面。然而,几何学者从普遍性角度[1]考虑。例如,图6中 O 是眼睛,$ABCDE$ 是平面的边缘。$afeDc$ 是另一个平面的边缘。几何学家取一条直线经过 O,它与两个平面各有一个交点。于是,从画家的视角看,e 就代表 E,D 代表 D 自身,c 就代表

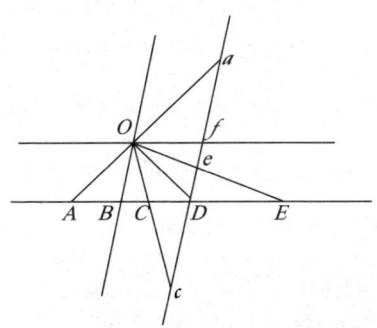

图6

---

1 读者如有意深入了解,可参考任何一本包含投影几何的几何学教科书,例如《大英百科全书》第11卷第689页。

如何形成清晰的观点

C，其中c离画家的距离较远；a代表A，两者分别位于画家眼睛的两侧。这种概括并不等同于眼睛看到的就是这样。而且，按照此模式，两个平面上的点应该是一一对应的关系。但是，f点和B点该怎么办呢？前者在画家的画面上，后者在画家要表现的平面上，它们与O点的连线都是与对应的平面相平行的吗？有些人会说这些点是例外，但是现代数学在推广时[1]绝不认可例外。一个点从C移动到D，再到E，直到无穷；另一个平面上相应的点从c移动到D，再到e，以此类推。但是，这个点能从f移动到a，当它移动到a时，第一个点已经到A了。因此，我们说第一个点穿过了"无穷"，每一条与之相连的线就像一个椭圆。几何学家将无限延长的线的部分视为点。这在数学中是一种有效的推广。

现代的测度观具有哲学的一方面。线性测度系有无数种，因此，可以采用单线刻度的透视表征来测量另一条线，尽管这样的测量不同于我们所说的在后一条线上点的距离。要建立一条线上的测度系，我们必须为它的每个点分配一个不同的数字，为此，我们必须明确地假设这些数字有无数个小数位。这些数字必须按照不间断的顺序沿线排列。此外，为了使这种尺度的数字任何时

---

[1] 一个更为人们所熟知的例子是无理数，如$\sqrt{2}$的引入。人们发现，$\sqrt{2}$不等于任何两个整数之比，于是数的概念就扩大了，把$\sqrt{2}$这样的数包含了进来。分数和所谓的"虚数"也是随着计算过程中的需要（如除法和方程解）而纳入数的概念中的。

候都可以使用，它必须能够转移到新的位置，给每个数字都取一个不同的点。现在，我们发现，如果对于实点和"虚点"（限于篇幅，此处不阐发），这一点都成立的话，那么在这样的转换中，至少会有两个点对应到同一个点上。因此，当通过任何连续系列的一类移动将尺度移动到线上时，有两个点，除了固定在那里的数字之外，没有数字可以达到。因此，在测度中，这两个不能达到的点就被称为"绝对值"。它们可能是不同的实点，可能会重合，也可能都是虚点。概率就是一个有两个绝对值的线性系的例子，一端是不可能达到的绝对肯定，另一端是不可能达到的绝对否定。根据日常观念，我们看到的一条线是两点在无穷远重合的线性量。我们再举一个速度的例子。假设有一辆速度无穷大的列车从芝加哥开往纽约，那么在沿线上任取一点，列车所处的时刻都是一样的。如果路途消耗的时间比 0 还要小的话，那么列车的方向就会反过来，变成从纽约开往芝加哥了。角度是一个没有实测度值的常见例子。哲学必须考虑的一个问题是，宇宙的演化到底是如同角度变大一样，永远膨胀下去，并没有一个达不到的目标可言，我认为这是伊壁鸠鲁的观点；抑或是宇宙起源于虚无，向着无限遥远的未来趋近，而且如果真的达到了无限的未来，就会返回到起点，也就是虚无。

如果我们将绝对值应用到空间之中，可能的假设就有如下

如何形成清晰的观点

三种。

第一，如欧几里德所说，空间是无限的、不可测度的，所以从透视中看到的任何平面的无限远的部分看起来都是直线。在这种情况下，三角形内角和为180°。

第二，空间不可测度，但是有限的，所以从透视中看到的任何平面的无限远的部分看起来都是一个圆，这个圆之外就是不可知的黑暗。在这种情况下，三角形内角和小于180°，三角形面积越大，内角和越大。

第三，空间是有限的，但是没有尽头（就像球面一样），因此没有无限远的部分，但沿着任何有限的直线路径都将返回其原来的位置。如果视野没有阻碍的话，任何一个观察者都能看到自己无限放大的后脑勺。在这种情况下，三角形内角和大于180°，三角形面积越大，内角和越大。

这三个假设中哪一个是真的，我们不知道。我们能测度的最大的三角形，不过是以地球轨道为底，以某个确定的星体为顶点而已。用180°减去这个三角形的底角和就叫视差。迄今为止，视差的测量值只有约40个左右。其中有两个视差是负值，一个是天津四（属于天鹅座，由C.A.F.彼得斯测量），它的星等为1.5，视差为 -0."082；另一个是Piazzi III 422（由R.S.鲍尔测量），视差为 -0."45。但是，这两个测量值无疑可归因于观察误差，

因为误差范围在 ±0."075 之间。而且，我们能够看到的星空范围是整个天球的一半以上，却没有发现负视差更大的星体，这也实在是咄咄怪事。实际上，在所有视差观测值中，只有两个是负值，这一点强有力地表明，最小的视差可能就是 +0."1——如果其他负视差的观测结果没有被扣下来不发表的话。我想，最远的星星的视差位于 -0."05 和 +0."15 之间。在未来的某个世纪，我们的子孙一定会知道三角形内角和到底是大于还是小于 180°。到目前为止，还没有人能够说得准。的确，根据几何学公理，三角形内角和应该是 180°。但是，这些公理现在已经被驳倒了，几何学家承认，他们没有理由来确证它们为真。它们是我们天生的空间观念的表现。只要它们还在影响我们的头脑，它们就有实在性。但这并不构成它确实成立的理由。

现在，形而上学一直是数学的模仿者。几何学为基于演绎的、绝对确定的哲学原则树立了模范。一直以来，形而上学家的思想在很大程度上都源于数学。形而上学的公理是几何公理的模仿。而现在，后者被抛在脑后，毫无疑问，前者也将跟随其后。比如，显而易见的是，我们没有理由认为每一个现象的每一个细节都是由法则确定的。我们看到宇宙中存在一个任意的元素，那就是宇宙本身的繁多性。这种繁多性必然来自某种形式的自发性。

如何形成清晰的观点

如果我有更多的空间,我现在应该证明数学概念的连续性对于哲学来说是多么重要。黑格尔真实的观点中的大部分,都是数学家早就解释清楚的,也是最近的研究进一步说明了的。

逻辑的许多原理在哲学中都有应用,我只能在此提及其中一个。在每一个逻辑理论的每一个方面,有三个概念到处都会出现,而在最全面的系统中,它们是相互联系的。它们的概念极其宽泛,无边无际,难以精确把握,也容易被忽视。我称之为"初级概念""次级概念""三级概念"。初级概念是存在,独立于其他一切。次级概念是相关,也就是与其他的关联。三级概念是协调,也就是建立初级概念和次级概念之间的关系。为了说明这些概念,我将以之前讨论的内容为例来介绍。万物的起源不会导致任何东西,而只会导致它自身,它就是初级概念;万物的终结就是次级概念;两者协调的过程就是三级概念。强调初级概念的哲学通常是二元论哲学,其中次级概念受到了过分的关注。它里面虽然涉及了初级概念,但却总是初级概念以外的某种繁多的对立面。繁多性的首要元素就是初级概念,因为多样性就是任意性,而任意性是否定一切次级概念的。在心理学中,感受是初级概念,反应感是次级概念,一般概念是第三级,也就是协调。在生物学中,随意运动是初级概念,遗传是次级概念,偶然性状得以固定的过程是三级概念。偶然是初级概念,法则是次级概念,习惯是三级概念。心智是初级概念，物质是次级概念，演化是三级概念。

这就是哲学理论应当基于的素材，以便代表19世纪给我们的知识状态。我们不必涉及哲学体系的其他重要问题，便可以很容易地预见到什么样的形而上学能够从这些概念中合理地构建出来。它是一种宇宙论，假设在万物的起源——距离现在无限远——是非人格化的混沌的感受，没有联系性或规律性，于是这个存在也就是非存在。这种感受，纯粹的随意运动，将会开始一种普遍化的趋势。它的其他的运动将会消失，但这种运动会逐渐发展。因此，习惯的趋势将开始，而与此同时，随着演化的其他原则，宇宙的所有规律将会形成。然而，在任何时候，纯粹的偶然都会存活下去，直到世界成为一个绝对完美、理性和对称的体系，其中心灵终于在无限远的未来结晶。

经过我的苦心经营，这个思想已经形成。它说明了我们所知道的宇宙的主要特征——时间、空间、物质、力、引力、电力等。它还预测了更多的东西，这些东西通过新观察可以独自进行试验。希望将来的学者会重温这些观点，并为世界贡献新的成就。

第二篇　小探必然性学说[1]

在 1891 年的《一元论者》中，我努力证明了我们对于宇宙所应有的基本看法。其中提到，在这些考虑之下，我已经建立了一个宇宙论，从而推断出很多能够与经验相印证的结果。这种比较正在进行中，但在现有情况下还必须要持续多年。

在这里，我提出一个普遍观念，即宇宙万事皆有规律。不过，我们不能认为任何地方、任何时代的有理性的人都会认同这一观念。它的第一个倡导者似乎是德谟克利特，一个原子论者，正如我们所知道的那样，他考虑到"物质的不可渗透性、转化和影响（ἀντιτυπία καὶ φορὰ καὶ πληγὴ τῆς ὕλης）"，于是被引导至此。也就是说，他从一个只受机械法则约束的领域出发，直接跳到了一个普遍的结论上：它是整个宇宙唯一的行为法则。这是常人的推理方式，在哲学的初创期也是可以原谅的。但是，伊壁鸠鲁在修改原子论提出新论据时，发现自己应当假设原子自发地从它们

---

[1] 参见 1892 年 4 月《一元论者》。

的轨道转向，从而得出了理论生活和隐德莱希（entelechy）。因为我们现在清楚地看到，物理学中的分子假说有一个特殊的作用，就是为概率计算打开大门。亚里士多德这位哲学家之王反复批判过德谟克利特的言论（特别是在《物理学》第二册第四章、第五章及第六章），他认为事件的发生有三种途径：①通过外部强制或直接原因的行为；②通过内在的性质或终极原因的影响；③无规律，没有明确的原因，只是通过绝对的偶然，这个学说是亚里士多德哲学的内核。无论如何，它是一种事物因果关系的有价值的列举方法。亚里士多德和伊壁鸠鲁也承认自由意志。但是，斯多葛学派在每个领域都坚持最实在的、确实的、无生命的元素，盲目地否认了每一个其他的存在，例如，扼杀了归纳方法的有效性，并希望以归谬法填补它的位置，自然成为坚持严格必然论的一个古代哲学流派，从而回到了伊壁鸠鲁无法忍受的德谟克利特的唯一原则。必然论和唯物主义与斯多葛学派相辅相成，这是不难理解的。在文艺复兴时期，斯多葛主义得到了相当程度的青睐，部分原因是它与亚里士多德差异很大，因而显得新奇，部分原因是它的肤浅使其被文学艺术的学者接受，因为他们希望得出一种温和的哲学。之后，力学的伟大发现激发了人们用机械原理解释宇宙的希望，虽然没有逻辑上的理由，但是随着物理学的进步，这种希望一直在受到激励。然而起初，这一观念与意志自由和奇迹是相冲突的。但与此同时,出现了最广泛的一个哲学流毒,即关联论(associationalism)本质上属于唯物主义阵营,从而研发出了动机理论,自由意志主义就受到了削弱。目前,基于历史的批判已经打倒了几乎大大小小的一切奇迹,于是必然性学说如日中天。

当前要讨论的命题是:根据任一时刻的事物状态,再加上若干不变的法则,能够完全决定其他一切时刻的事物状态(因为时间有限论是站不住脚的)。因此,考虑到宇宙在原始星云中的状态,以及力学定律,一个足够强大的头脑可以从这些资料中推断出我正在书写的每个圆体字母的精确形式。

不论是谁,认为意志的每一次行动以及头脑的每一个想法都受到由必然性结合的物质世界的严格支配,都必然逻辑地得出这个命题:头脑是物质世界的一部分,力学定律凭借引力和斥力决定了一切事物。于是,那个能够决定其他一切时刻的某一时刻的事物状态,就包括每个粒子的速率和位置。这种常见的、也最符合逻辑的必然主义就叫作"机械论哲学"。

我问过一些有思想的人,他们为什么觉得宇宙万物都是由法则决定的。他们最先给出的答案往往是,这是一个"公设",或者说科学推理的普遍假定。如果他们最多只能给出这种水平的理由,那么这个理论就破产了。暂且假定它是一个"公设",这并不代表它是真的,更算不上合理的根据。这就好比一个人去银行,柜台人员问他信用程度,他的回答却是:"快发钱吧,贷款都'假定'好了。""假定"一个命题为真,就好比希望能通过这个回答拿到贷款一样。事实上,在实践活动中,假定某些命题成立无伤大雅,因为即便这些假定是错的,与行动也没什么关系。但是,这种命题都是针对个别事实的假设。因为具体个例不会包含普遍法则,日常推理也用不着普遍法则。比方说,如果因为人有自由意志,阿基米德的杠杆原理就失效了,这实在是夸大其词。但是,有些人提出自由意志与推理公设不相容,难道不正是犯了这样的错误吗?科学的结论不过是提出最可能的结果,而最可能的结果不过是提出某事发生的可能性最高,或者更接近真实,而绝不是说某事是在整个宇宙中都成立的,连一个例外都没有。于是,我们可以看到,这些真命题与那个"公设"的差距有多么远。

但是,在推理中,"公设"这个概念很容易受到一种错误的、误导的逻辑观沾染。非演绎推理,或者叫扩增性推理有三种:归纳、假设、类比。即便有其他类型,也必定极不常见,非常复杂,我们不妨假定与上述三类在本质上相同。就归纳、假设、类比而言,根据它们的扩增性,得出的结论必定是不能从前提中推出的,而是与前提依赖同样的规律,涉及同样的过程。它们在本质上都是根据样本做出的推断。比方说,一艘船满载着小麦驶进了利物浦。在某种机制的作用下,全船的货物都被彻底打乱了。假设我们从船首、船中、船尾,左舷、中间、右舷,桅杆的顶端、中部、底部,以上9处每处取3份等量的少量样本,共27份。然后,我们将其混合起来,对麦粒进行计数,发现4/5是甲等品。于是,我们就可以得出一个暂时的经验性推断,即全船货物大约有4/5属于甲等品。我在这里说了"经验性的"和"暂时的"。前者的意思是我们并未声称了解"小麦的本质",也就是我们的 $άλήθεια$。根据这个词的意思,本质是与潜藏的、经验之外的小麦无关的。我们处理的只是可能的经验,完全接受这些经验,既受感官影响,又受思想辖制。如果船上有些小麦被藏起来了,既不会出现在样本里,之后买家也不会知道;或者是被半隐藏起来,也就是说,虽然不是完全看不到,但是看到的可能性比较低;或者它可以影响我们的感官和口袋,但是由于某些想不到的诡异原因,在计算全船甲等小麦的真实比例时,这些小麦就都要被排除(或者权重要相应降低)。之所以说是"暂时"的推断,意思是我们还没有达到规定的近似准确程度,而只是提出,如果我们的经验能够无限地延伸,而且不管什么性质的相关情况,只要一出现就马上正确地应用到归纳法中,调整推断的比例,那么从长远来看,我们的近似结果就会无限接近;这里要"接近"的对象是涉

第二部分 爱与偶然

及未来的（而不只是有限穷举）。如果在一般情况下，经验会不规则地上下波动，因此得不出一个确定的比例值，那么我们就能够在波动的范围内得出一个近似值；如果虽然有确定的值，但是之后发生了变化，我们也能够找出变化后的值。简言之，不管经验本身如何变动，经过无限的延伸，经验都能够让我们了解它们，从而最终做出准确的预测，并发现它的终值——如果说存在一个终值的话，或者发现值的变化的终极规律——如果说存在一个终极规律的话；或者发现它是在某个范围内随机波动的——如果它归根结底是这样波动的话。现在，我们只不过宣称自己的推断是经验性的，是暂时的，因而就不涉及任何意义上的所谓"公设"。

公设是什么呢？它是对一个实质性事实的表述，我们还没有资格将其确定为前提，但是它的成立又对某个推论是必不可少的。于是，任何被定为公设的事实，最终必然要在经验中证实或者证伪。如果证实了，那么我们在进行（暂时性的）推论时就不再需要它了，因为我们终于有资格将其确定为前提了。但是，如果它永远不能在经验中证实，那么虽然得出的结论是有效的，这一事实也只能是有可能成立；换言之，推论的有效性依赖于该事实的可能性，这就是我们所能说的全部。于是，任何一个公设都是不必要的，要么根据暂时性，要么根据经验性。比方说，有人说归纳是有公设的：如果我们无限地依次抽取样本，检验后放回，再继续抽，那么从长期来看，每一粒小麦被抽取的概率都是一样的。换句话说，这个公设就是：任意两粒小麦被抽取次数之比无限接近于1。但是，我们并没有做出这个公设。如果我们只能凭借这种抽样方法来获取与船上小麦相关的经验，那么，我们的目标就是通过这种抽样方法获取甲等品的比例，而不是某种经验之外的小麦的比例。如果我们还有其他的、等同于另一种抽样方式的方法，那么若是第一种抽样方法得到的甲等品比例长期而言高于其他方法得到的比例，则我们迟早也会通过归纳法发现这一特别的事实。在每一种经验中，归纳法都必然会得出显著的规律。于是，我们的推论——只是暂时性的——最终会进行自我修正。有人还说过，归纳法的公设是：类似的条件下会发生类似的事件。归根结底，这条公设无非"凡事必有因果"这条原则。然而，这条公设是错误的，因为这样的话，归纳法能得出的最终比例就只有0或者1了。如果我们做出这样的公设，那么在相似的条件下（同样的抽取方法，但样本不同），所有不同事件的集合中，发生不相似事件的比例就都要相同，而这是错误的，甚至可以说是荒谬的。但是，我们并未做出这样的假定。推论是经验性的，于是"有效推理"的条件就是：如果某个结果没有发生，相反的结果就会发生，这是由推理的暂时性保证的。但是，有人或

第二部分 爱与偶然

许会问，在归纳推理中，可能成为归纳对象的所有实例构成一个类，具有某种特性；不可能成为归纳对象的所有实例构成另一个类，具有另一种特性，这难道是不可能的吗？我们的回答是，若是如此，从推理中被排除的实例就不具备完全意义上的经验性，只是潜藏的个体，而我们的结论并不对这类个体发表任何意见。

关于归纳法的根据，我只知道一种值得一提的反对意见：通过这种方法得出的推论没有完全的效力；不管混合小麦的过程多么完善、多么彻底，只看一小把小麦不能给出足够的担保，让我愿意心甘情愿地冒险，以为下一把小麦得出的甲等品比例值不会发生重大变化。实际上，这种担保要求很高，误差范围不能太大。如果说小麦中甲等品的真实比例是 0.80，样本包括 1000 粒小麦，那么每抽取 10 次中，有 9 次的甲等品数量应该落在 780 至 820 之间。我的回答是，如果我们知道每个样本的单位和品质互相之间呈正态独立分布，混合过程非常彻底，而且品质衡量标准在抽样前就确定了，那么这样说是正确的。但是，如果我们不知道上述条件是否成立，那么他举的这些数字就都没法应用了。在归纳推理中，随机抽样、预先确定样本考察性质，是我们永恒追求的目标，但如果达不到，那么只要推理过程没有掺假，结果就总归是有一定价值的。当我们不能确定抽样方法或者选定的样本和性质时，归纳推理仍然是基本有效的，我在本文中要说明的正是这一点。

我认为，一个愿意接受他人意见，而且有能力领会艰深观点的人，一定会认同针对"普遍必然性原则不是一个合理的推理公设"给出的理由。然而，问题马上就来了：根据对自然的观察，它是不是真的被证否，或者至少可能性很低呢？

尽管如此，这个问题不应该阻止一个人习惯于仔细考虑科学推理的力量。必然论的本质就是一定的连续量有一定的精确值。现在，观察如何以可能的绝对零误差确定这些量的值呢？在幕后并且了解质量、长度、角度的最精确比较方式——这里的精确度远远超过所有其他测量值，但是低于银行柜员——并且知道物理常数的一般测定，例如那些在学术期刊上月复一月出现的数字，大约等同于装饰工测量地毯和窗帘的水平。对于这样的人来说，在实验室里展示数学精确性的观点是显得极为可笑的。物理里面有一种公认的估计可能误差大小的方法——最小二乘法。大家普遍认为，这种方法能够大大降低误差。但即使根据这个理论，一个无穷小的误差仍是完全不可能的。所以，任何大意为"一定的连续量有一定的精确值"的陈述，如果说有任何充分根据的话，是必须建立在除了观察以外的某事上的。

但是，我不得不承认这个规则取决于一定的条件。也就是它

第二部分　爱与偶然

仅适用于连续[1]量。现在，某些连续量在一个或两个极限处是不连续的。因为这类极限，必须修改这个规则。因此，一条线的长度不能小于0。假设之前有一个人在纸上画了一条线，我们的目标是测量它的长度。如果什么线都看不到，那么观察到的长度是0。但是，这一观察所能确保的唯一结论是：线的长度小于肉眼可分辨的能力。然而，通过间接观察，例如，我们以为画了线的那个人从来没有出现在这张纸的50英尺以内，因而也许很有可能根本就没有画线，那么，我们就可以推断出线的长度确实为零。类似地，经验无疑也能可靠地得出在给定的小麦中绝对没有靛蓝，或者在给定的青苔中绝对没有香精油的结论。但是，这种推断只能通过正面的经验证据——不管是直接的还是间接的——来表明其有效性，而不能建立在"无法检测数量"这一点上。说到唯一的论点，我们之所以认为小麦中没有靛蓝，是因为我们注意到有靛蓝的地方，靛蓝都是大量生长的，这只是一个理由。我们认为青苔中没有香精油，是因为只有特定的物种才会产生香精油。如果问题是小麦或青苔中是否有铁元素，即使化学分析未能检测到它的存在，我们都会认为有一些可能性，因为铁几乎无处不在。如果没有任何这类信息，不管怎样，我们只能放弃讨论中的关于

---

[1] "连续"未必是恰当的词，但为免去进行冗长而与主旨无关的讨论，我还是要用这个词。

物质的存在问题的任何意见。我认为，就该偶然因素——或者说自发性地违背自然规律的现象——是否存在这一点而言，这是我们目前最恰当的立场。

这些观察结果往往被用来反推机械论，但它们所证明的只不过是自然界中存在规则性，而与这种规则性是否精确、普遍等问题没有关系。不仅如此，关于精确性问题，所有的观察都是直接与它相对的。我们最多可以说许多此类观察是有解释的。只要试图去验证任何自然法则，你就能发现，你的观察越精确，就越能确定它们将显示出违背法则的不规则性。我并没有不恰当地说，我们习惯于归因于这些观察误差。但是，我们通常不能以先前可能的方式解释这种误差。回到遥远的过去追溯它们的原因，你将不得不承认，决定它们的要素总是随意的，也就是偶然的。

但我们可以追问：如果宇宙中有真正的偶然因素，那么它会不会必然产生某些信号，而这些信号是必然会被观察到的。首先，我要指出，诱使我们相信这一点的事件有很多。但是，我的回答是：只要看看物理学家就明白了。他们认为气体粒子在不规则地运动，似乎是真正的偶然现象。根据概率论，气体中一定会发生偶然的某些违背热力学第二定律的热量集中现象，其产生的效果是惊人的，比如在可燃的混合气体中。这就是让我们做出上述假设的那一类事件。然而，还没有哪个现象是一定要用这种纯粹的偶然热量集中，或者其他人想出的类似的东西——不管是精巧的还是愚蠢的——来解释的。

鉴于所有这些考量，我不相信那些思想僵化和不尊重科学逻辑的任何人能主张迄今做出的任何观察清楚地证明了法则的精确和普遍统一，或者说这种可能性很高。这样，人们坚定地提倡精确的规则性，将很快会发现，自己会有某些先验原因支持其论题。这些人读了约翰·斯图尔特·密尔的《对威廉·汉密尔顿爵士的哲学观的考察》(*Examination of Sir William Hamilton's Philosophy*)，就以为自己得到了一劳永逸的保证，至今依然死抱着不放。在我看来，他们的头脑是理性无法渗透的，所以我只好忽略他们。

单纯地说我们禁不住要相信某个命题，这并不是论证。但是，如果这个命题是真的，那么它便是一个确定的事实。如果把上面的"我们"替换成"我"，那么有些人的头脑还真会说出这样的话：盲目的狂信徒，不知反思又无知的人，还有眼前已经获得了压倒性证据的人。但是，今天还难以想象的东西，往往第二天就被认为是无可争议的了。"不能设想"只是一个阶段，对于一些信念，每个人必须经过这个阶段——除非是天生具有非凡的顽强和迟钝，他的理解受制于盲目的冲动，而精力充沛的头脑当然会很快抛开。

一些人希望用经验上的论据来支撑先验论点。他们说，世界的精确规则性是一个自然信念，这种信念通常由经验确认。这是有原因的。然而，如果自然信念有真理基础，则也要求来自自然的幻象的更正和净化。力学原则毫无疑问是自然信念，但尽管如此，早期的力学仍是极其错误的。事实上，自然信念向真理的趋近，正是遗传进化趋向可辨识的益处或者说"目的"的一个例子。自然是美丽的，往往堪称奇迹，而对自然的适应却是永远不会达到尽善尽美的，因此这个论点是违反任何自然信念的绝对精确度，包括因果律的绝对精确度。

另一个论点，或者说老生常谈的是：绝对的偶然是不可想象的（"偶然"，chance 这个词目前有 8 个义项。《牛津世纪词典》列举了 6 种）。这样说的人几乎不能说明是在什么意义下偶然是不可想象的。如果他们说明了，要么没有足够的理由，要么这种所谓的"不可想象"根本证明不了偶然是不存在的。

另一个先验论点是：偶然是难以理解的；换言之，虽然它或许是可以想象的，但它并没有向理性的眼睛展示事物是怎样的或为什么。因为假设只能在它表现为可理解的现象的情况下被证明合理，我们绝对不能有任何权利假定，在自然界事物的生成中有绝对的偶然因素。这个论点可以与其他两点一起考虑。也就是说，仅仅宣称没有事实是已知的，这类假定可以以任何方式帮助解释，而不是说偶然的假定决不能用来解释任何观察到的事实。我们还可以把话说得更弱一点：既然没有清楚地观察到违背了法则，偶然就不是一个真实原因，一个不应该也不必要加入的假设。

这些都绝不是论点，而且需要更详尽的考察。来吧，我的对手，让我学习你的智慧吧！在我看来，掷出双6是纯粹的偶然。

"那么，你觉得分别掷出两点和一点是必然的？"（假想对手的言论放在引号里）

显然，投一次，投两次，就会都一样。

"你认为掷骰子和其他比赛有什么不同吗？"

我认为，我必须要声明，所有的多样性和特殊性事件都要归因于偶然。

"那么，你会否认世界上有规律吗？"

这显然是不可否认的。我必须承认有一个近似的规律，每个事件都受到它的影响。但我认为多样性、特殊性、不规则的东西是偶然。对我来说，在双6这件事情上，偶然性表现得特别突出。

"如果你更深入地反思，你会看到，偶然只不过是一个我们所不知道的原因的名字。"

你的意思是，由于某种我们不知道的原因，我们才掷出了双6？

相反，每一个骰子的运动都受力学定律的精确控制。

但是，在我看来，双 6 不是由这些定律带来的；没掷出双 6 的时候，这些定律也是一个样。偶然存在于投掷的多样性，这种多样性不可能是由于不可改变的定律造成的。

"这种多样性是因为定律所依据的环境不同。骰子在盒子里的摆放不同，盒子的移动也不同。这些是产生投掷的未知原因，为此我们把它称为'偶然'，而不是根据机械定律规定对这些原因进行的运算。你看，你已经开始更清晰地思考这个问题了。"

力学定律的作用不会增加多样性吗？

"不会。你必须知道，粒子系统的瞬时状态是粒子数的 6 倍，每个粒子位置的坐标是 3，速度的分量是 3。这个数字表示系统中的多样性在任何时候都保持不变。可以肯定，不同粒子的坐标和分量速度之间有某种关系，通过这种方式，系统的状态可以用一个较小的数来表示。但是，如果是这样的话，在任何时候，坐标和分量速度之间必然存在着精确的对应关系，尽管可能无疑是一种对我们不那么明显的关系。因此，系统的内在复杂性在任何时候都是相同的。"

很好，我乐于助人的对手，我们现在已经面临这样一个问题。你认为，宇宙中的任意规范都是在一开始就被引入的，如果有一个开始的话，自然界的多样性和复杂性总是和现在一样多。但就我而言，我认为多样化、规范化一直在更替。如果你问我为

第二部分 爱与偶然

什么这么想,我的理由如下所述。

1. 看一看任何与时间流逝有关的学问吧!看一看个体动植物,或者人类心智的历程吧!想一想国家、制度、语言、观念的历史吧!想一想古生物学的生物变迁史、地质学的地球历史、天文学的星系变化!在一切地方,最关键的事实都是扩增,规模的扩增和复杂性的扩增。死亡和腐化只是偶然或次要现象。对生物学家而言,一些低等生物有没有死亡都是可以讨论的。无论如何,除非在不利的环境下,否则人种是不会消亡的。从这些广泛和普遍的事实中,我们几乎可以凭借最普遍、最无例外的逻辑推断出,自然界很有可能存在着事物的复杂性和多样性增加的趋势,因此机械必然性的规则在某些方面遇到了干扰。

2. 我承认将纯粹的自发性或生命作为宇宙的特征,行动是无时不在、无处不在的,但都要受到法则的约束,微小的偏离随处都在发生,较大的偏离则比较罕见,于是这解释了宇宙中的繁多性。唯有这样,独一无二的、全新的事物才能够得到说明。寻常的看法不得不承认世界上无穷无尽的多样性,不得不承认至少机械定律不能说明这一点。多样性只能来自自发性,但寻常的看法没有任何证据或理由,便否认这种自发性的存在,或者把它推回到时间的开始,并假定自发性从那之后就消失了。我的观点在逻辑上是更说得通的、更难以推翻的。

3. 当我问必然论者,他将如何解释宇宙的多样性和不规则性时,他凭借他的智慧宝库回答我,不规则是来自事物本质的东西,我们不必寻求解释。我对此感到羞愧,试图掩盖我的困惑,便问他如何解释宇宙的均匀性和规律性。他告诉我,自然规律是不可改变的,是最终的事实,却没有具体解释它们。但我的自发性假设确实在某种意义上解释了不规则性。也就是说,它解释了不规则的一般事实,当然不是每一个不规则事件都是这样的。同时,通过放弃必然性这一假设,它给另一种因果关系的影响提供了空间,诸如在头脑中联想的形成过程似乎是有作用的,这使我们能够理解自然的统一性是如何产生的。单一的事件是难以理解的,逻辑对此毫不避讳——我们不指望让一场只有一个人经历到的地震显得自然而合情合理,不管我们如何绞尽脑汁。但是用逻辑预期事物整体确实是可以理解的。一说法是有一个普遍的宇宙规律,而且它是坚实的、最终的、难以理解的事实,所以永远也无法探究,合理的逻辑自然会对这种说法提出反对,并将立即过渡到一种哲学方法上,不会阻碍发现的道路。

4. 逻辑上,必然论者不能让整个思想活动成为物理宇宙的一部分。我们的行为由自己决定,如果像必然论者说的那样,从最早期就可以计算出来,那只不过是个幻想而已。事实上,一般意义上的意识就是物质体系的一个虚幻的方面。我们所说的红、绿、紫实际上只是不同的振动频率。唯一的现实是物质在空间和时间上的分布。在一定程度上，物质的大脑就是原生质，并且是一种复杂度——机械粒子的某种排列。它的感觉只是一个内在的方面、一个幻影。因为，只要我们知道任一时刻下粒子的位置和速度，再加上恒定不变的力学法则，我们便可以计算出这些粒子在任何其他时刻的位置，所以空间、时间和物质的宇宙是一个不受其他地方干扰的完整系统。但是，从任何时候的感觉状态来看，没有理由假设所有其他时刻的感觉状态都是可以那样精确计算的，所以就像我所说的那样，感觉就是宇宙的一个零碎和虚幻的方面。这就是必然论者一定会给出的解释。作为被遗忘的琐事，它会进入杂乱无章的意识。如果这个小小的事实可以被忽略，那么大千宇宙就会更加令人满意。另一方面，通过假设因果关系的严格精确性——不管它到底有多么微小——只是一个严格的无穷小量，我们可以把它插入到我们的宇宙宏图中，并且放到需要放的地方，作为唯一可以自我理解的东西，它有资格占有存在之源的地位。在这样做的同时，我们就解决了灵魂与身体联结的问题。

5. 但是，我在这里不能全面阐发我最主要的一个理由，而只能大致勾画其轮廓。偶然自发性假说有其必然的结果，而这些结果是可以详细阐明的，是如同数学一般精确的。我已经做了很多工作，发现这些结果在一定程度上很显著地符合观察到的事实。但是，推理的内容和方法是新颖的，我不敢说其他数学家也会对我的推论感到充分满意，所以我认为对于现在来说，最有力的理由仍然是我私人的，还不能影响其他人。我之所以要提到它，是为了解释自己的立场；也是要为未来的数学家们提供一座名副其实的思想的富矿，如果由于时间、环境和死亡的原因，我不能亲自将其公之于众的话。

现在，我要问一问必然论者：他为什么要假设一切在时间的开始处便已经确定了。他会用上次我没有解答的那三个论点中的一个来回答我。

首先，他也许会说，偶然是一件完全难以捉摸的事情，因此我们决不能去做这样的假设。但是，这种反对的说法难道就没有带点天真而欠考虑的味道吗？这不是我的想法，而是他自己对于宇宙的概念一方面突兀地引向坚实、终极、无法解释的不变法则，另一方面则引向无法解释的参数和万物的多样性。我的看法则恰恰相反，那就是不去做任何假设，除非"所有参数都会在某种意义上发生，而不能是不可解释的"也算一个假设的话。鲁莽地说一切的发生都是因为偶然，这样的解释是徒劳的。我不会这样做。我利用偶然，主要是为了给普遍化原则或者说形成习惯的倾向腾出空间，我认为一切规范性都是由此而来的。机械论哲学家认为，世界上的所有具体情形是完全没有解释的，这种观点和鲁莽地将其归因于偶然几乎一样糟糕。我将其完全归因于偶然，的确，我只是将其归因于自发性形式的偶然，而这种自发性在某种程度上是有规律的。在我看来，上面两种立场必择其一，否则我们就不得不假定，一切具体情形都是由自发性形成的，而这种自发性是在一种客观的、黑格尔式的逻辑下确定的，而非偶然地展开的。目前而言，我认为最后一条道路是可能的，因为它与我的理论一样，是与必然论的存在体系对立的。

其次，必然论者也许会说，至少还没有出现偶然的假设有助于说明的现象。作为回答，我会首先指出，增长的现象与逐渐显现的复杂性似乎看起来是普遍的，并且或许是机械的，但从表象上来看，它们表现出了不断多样化的情形。另外还有多样性本身，它是宇宙中最引人注目、最无与伦比的特性，没有任何机械论可以对此做出解释。宇宙的规律性是另一个例子。必然论者虽然固守着它，但对他们而言，所起的作用不过是阻塞了探究之路。此外还有自然法则间的规律关系——相似性和可比性。这是与我们的智力活动相似的，也要求我们给出一个理由。最后还有意识和感觉，这是明摆着的事实，但是对于机械论哲学家而言却是一个非常麻烦的事实。

最后，必然论者也许会说，偶然并非真正原因（vera

causa）——我们无法确信宇宙中存在任何这样的元素。但是，真正的原因学说与基本概念无关。如果我们把真正的原因学说推到极端，它会立即推翻物质宇宙存在的信念。而失去了这种信念，必然论便失去了根基。此外，多样化是一个必须被承认的事实；而偶然学说只是假设，它并不只发生在时间开始之前。另外，不要对无法获得正面知识的事情提出假设，这只是一个逻辑学上的建议，而非积极的指令。作为严格的法则，它是站不住脚的，只要我们用精确的话将它表述出来就会发现这一点。然而作为一条建议，它是有很大益处的。

我认为，我已经公允地考察了普遍必然性理论的各大相关理由，并证明它们是无效的。我诚挚地恳求能够洞察我的推理中存在缺陷的人在私下或者公开场合给我指出来，因为如果我错了的话，能够快速做出纠正于我而言非常重要。如果我的论点一直未被驳斥的话，那我便可以认为，是时候怀疑普遍规律的绝对正确性了。一旦这种怀疑在一个人的思想中生根，我相信我就已经赢得了他的共鸣。

第三篇 心智的规律[1]

在1891年1月发表在《一元论者》中的一篇文章里,我试着指出哪些观念歪曲了哲学体系,尤其强调了对绝对偶然的歪曲。在1892年4月发表的文章中,我进一步提出赞成这样的思维方式,这将便于启用偶成论(tychism,源于希腊语单词 $τύχη$,意为"偶然")。一名严肃的哲学学者会不慌不忙地接受或拒绝这一学说,但是,他会感受到这种思想内部包含着思辨所应有的最重要的态度之一:它不是为了一个人,也不是为了这三五年,而是为了一整个时代。我已经着手这项工作,提出了偶成论必定会孕育出演化宇宙论,在演化宇宙论中,所有的自然规律和思维规律都被视为生长的产物;我还提出了偶成论必定会孕育出谢林式的唯心主义,它认为物质只不过是分化出来的,失去了部分活力的心智。为了帮助那些好奇于研究心理传记的人,我可能提到过,我是在康科德出生和长大的,也就是剑桥。当时爱默生、赫

---

[1] 参见1892年7月《一元论者》。

奇和他们的朋友都在传播他们从谢林身上获得的思想；而谢林的思想则是从普罗提诺、从伯姆、从不知名的某个东方神秘主义者那里启发得来的。但是，剑桥的氛围让很多人免受康科德超验主义的毒害，而我却没有意识到自己已经感染了这种病毒。尽管如此，某种人工培养的细菌、某种疾病的有益形式可能被不知不觉地植入到我的灵魂中，在经历了长时间的孵化之后，如今它终于浮出水面，不仅得到了数学概念的修正，而且在自然规律的科学研究中得到训练。

宇宙论研究的下一步必定是审查心理行为的普遍规律。在此过程中，我会暂时不去想我的偶成论，以便我能够自由、自主地扩展到我在《一元论者》中重点提出的另外一个概念。这是通向哲学体系最不可缺少的概念之一，尽管我在文章中并未对其详细论述，我指的是连续性的概念。这种将连续性视作哲学中最重要概念的倾向，可能很方便地被称为"连续性原则"。目前的文章主要是为了说明连续性原则（synechism）是什么，以及会引出什么。许多年前，我曾试图在《思辨哲学杂志》(*Journal of Speculative Philosophy*)第二卷上发展这一学说；而我如今能够对那时的阐述加以改进，是因为当时我受到了唯名论先验观念的些许蒙蔽。我之所以提到这一点，是因为学者们可能会发现，在目前文章中未得到充分解释的一些论点在早期的那些文章中得到了解释。

第二部分 爱与偶然

规律是什么

应用于心理现象的逻辑分析表明：只有一种思想之规律，也就是这些观念趋向于不断传播并影响某些其他人，而这些人会以一种特殊的感情关系来坚持这些观念。在传播的过程中，这些观念失去了强度，尤其是失去了影响其他人的力量，但是却获得了普遍性，并与其他观念融合到一起。

为了方便，我现在只是把它提出来。接下来，我要进一步阐发。

观念的个性

谈到观念，我们都习惯说观念会重现，它是思想到思想的传递，并与别的观念相似或者不同。简而言之，仿佛观念是实质的东西一样，而且人们还不能对这种表达提出任何合理的反对意见。但是，从"个人意识中对一件事的理解"这个意义上来学习"观念"这个词，很显然，一个观念一旦过去就永远过去了，任何假定的观念重现事实上都是另外一个观念，这两个观念不会出现在同一种意识状态下，所以也不可能加以比较。因此，称它们"相似"只是意味着一种来自灵魂深处的神秘力量，迫使我们将它们二者在我们的思想中联系到一起，令它们不再是两个观念。在传递过程中，我们可能会注意到，关于相连性和相似性这两个被普遍公认的联系原理，前者是一种归因于外部力量的联系，而后者则是一种归因于内部力量的联系。

不过，完全过去的思想仍然会被思维触及，这到底是什么意思呢？全然不可知。还有一种说法是：过去的观念一直在影响着未来的观念，未来的观念完全源于过去的观念，这种说法是有什么不同的含义吗？事实上，这两种说法没有任何显著的差别，而介于肯定和否定之间的回答则纯粹是胡扯。

我不会进一步详细论述这一观点，因为这已经是哲学上的常识了。

观念的连续性

在我们面前有一个难题，与唯名论和实在论的问题相似。但是，一旦问题被明确地提出来，逻辑学就只会给出一个答案。过去的观念如何存在？能间接地感受到它的存在吗？它在某种程度上或许存在，但不仅仅如此，因为那时就会出现这样一个问题，即过去的观念是怎样与其间接的表现产生联系的。这种介于观念之间的联系只能存在于某种意识中，即过去的观念是无意识的，而过去的意识中包含了过去的观念；过去的观念中并未包含间接的观念。

有些人这时会做出结论：过去的观念在任何意义上都不可能存在。但这个结论草率且不合逻辑。过分地宣称我们对过去是如何完全了解也只是妄想而已！但是，似乎过去完全超越了可能的经验界限，如同康德的"自在之物"。

过去的观念如何存在？不是间接地感受到的。那么，只能通过直接的感觉了。换言之，存在必须是事实上的存在。更确切地说，它不能是完全过去了，而只能是正在进行中的无穷小的过去，决不可指定过去的日期。因此，我们得出了结论：现在与过去被一系列真实的无穷小的步骤连在一起。

心理学家已经暗示：意识必定涉及了时间间隔。但如果指的是有限的时间，那这个观点是站不住脚的。如果我依然能立即感受到比现在早半秒之前的感觉的话，那根据相同的原理，我将会立即感受到在那之前的感觉，依此类推，永无止境。那么，既然有一个时间界限，假设是一年，那么等这一年结束的时候，观念就不再在事实上存在，由此可见，这适用于任何有限的时间间隔，无论间隔有多短。

而意识一定在本质上涉及了时间间隔。因为如果没有涉及的话，我们会学不到任何有关时间的知识，不仅仅是对时间没有准确的认知，而且会对时间完全没有概念。因此，我们才会说，哪怕是无穷小的时间间隔，我们也能立即意识到。

　　这就是必要的一切。由于在这无穷小的时间间隔里，不仅意识从主观上讲是连续的，即意识被看成是一个拥有持续时间属性的主体或者实体；而且，由于立即就能意识到，因此其对象事实上也是连续的。实际上，这种无限小的分散意识是对其内容在传播时的直接感觉。这一点在下面将得到进一步阐明。在无穷小的时间间隔里，我们会立即察觉到开端、中间和结尾的时间顺序——当然不是以"认出"的方式，因为我们只能认出过去的事物——而只能是以直接感知的方式。那么，在这个时间间隔紧接着又一个时间间隔的情况下，这一个时间间隔的开端是前一个时间间隔的中间，而这一个时间间隔的中间又是前一个时间间隔的结尾。这时，我们会立即察觉到开端、中间和结尾的时间顺序，或者说第二、第三和第四个瞬间。从这两个直接的觉察中，我们获得了间接的或推论出的对这四个瞬间之间关系的觉察。这种间接的觉察从客观角度看（或者根据所代表的对象）是在四个瞬间上分散开来的。但从主观角度看（或者因为其本身是拥有持续时间的主体），这完全被包含在第二个片刻里（读者会注意到，我用"瞬间"这个词来表示时间点，又使用了"片刻"这个词来表示一段极短的时间）。一旦学说被提出，我们应该就不只是对这四个瞬间的先后顺序有间接的觉察，如果这一说法遭到反对的话，我表示同意。由于这两个无穷小的时间间隔的总和本身也无穷小，因此立即就会被察觉到。其在整个时间间隔中是被立即察觉到的，但在最后三分之二的时间间隔中则是被间接觉察到的。那么，假设这些推论得出的行为（具备相对的觉察力）形成一个无限期接连发生的系列的话，那么可以很简单地推断出：上一个片刻从客观角度看将包含整个系列。假设，不仅仅是无限期接连发生的序列，而是在有限时间中的连续推理，结果将会是在最后一个片刻里对全部时间的间接客观意识。在这最后一个片刻里，整个系列都将被认识（或者如同以往被了解的那样去认识），只是最后一个片刻除外，这最后一个片刻当然无法完全识别自身。实际上，即使是这最后一个片刻，也将如同其余的片刻一样被认识，或者至少开始被认识。这时会有少量的反对论证（或反驳）出现，一般的思考逻辑就足以解决这个问题。

在过去两代人中，探究微分学的大多数数学家一直主张无穷小量是荒谬的。尽管凭借惯常的谨慎，他们经常会附加上"不管怎样，极小量的概念非常难，以至于我们几乎无法充满自信地去探讨这个概念"。因此，极限学说被创造出来，以规避这一难题，或者如同某些人所说的，是为了解释"极小量"这个词的含义。所有的教科书里都以这样或那样的形式教授了这一学说，尽管某些教科书只是将其作为重要性的替代观点。就运算而言，它基本上是够用了,虽然在应用中自有其疑难。

在我熟悉格奥尔格·康托尔博士的著作［尽管其中很多著作已经刊登在《数学年刊》(*Mathematische Annalen*)和《博尔夏特期刊》(*Borchardt's Journal*)上,但尚未发表在《数学年报》(*Acta Mathematica*)上,它们是最早闻名的数学期刊］之前,他已经针对相对量逻辑创造出一套严格的符号体系,对这一问题给出了解答,其明确清楚地表明:极小量的概念并不包含矛盾。在康托尔的著作中,同样的观点得到了其非凡才能和敏锐逻辑的捍卫。

普遍的观点是:有限数是我们唯一可推理的数,至少以普通的推理方式是如此,或者正如某些作家所表达的,有限数是唯一可利用算术来推理的数。但这是一种荒谬的偏见。很久以前我就曾表明,有限集合与无限集合及其结果只在一种情况下才有区别,即有限集合适用于一种特别且不常见的推理方式,这种方式被其发现者德·摩根称为"换位量三段论"。

巴尔扎克在其著作《婚姻心理学》(*Physiologie Du Mariage*)的引言中写道:每一个年轻的法国男人都会吹嘘曾勾引过某个法国女人。如今,由于一个女人只能被勾引一次,而且法国女人和法国男人一样多,这样的话,如果这些吹嘘都是真的,那么就没有法国女人能逃过勾引。如果其数量是有限的,那么推理有效。但是,如果人口一直在持续增长,被勾引的人平均年龄要比引诱者年轻，那么结论就未必正确。同样地，德·摩根作为一个保险精算师或许已经提出过，如果一家保险公司向其投保者支付的数额（包括利息）平均要高于投保者所支付的，那必定会赔钱。但是，每一位现代的保险精算师都会明白其中的错误，因为业务在持续增长。但是，战争或是其他的大灾难会导致投保者的类别成为一个有限数，结论终究将会是非常准确的。以上两个推理便是"换位量三段论"的例子。

有限与无限集合的区别在于前者适用于换位量三段论，这一命题应当被视作科学算法的基础。

如果一个人不知道如何进行逻辑推理，我得说许多相当优秀的数学家（是的，著名数学家）都归在这一类人下面，如若单凭以往做其他推理的经验来盲目地进行推理，那他自然会不停地陷入关于无限数的错误中。事实上，这类人完全不会推理。但是，对于会做推理的少数人而言，关于无限数的推理要比有限数的容易，因为不需要运用复杂的换位量三段论。例如，整体比局部大并非公理，只是因为人们的推理水平低下——比如欧几里德——它才变成了一条公理。这是一个运用换位量三段论很容易证明的定理，不过如果用其他方式就证明不出来。关于有限集合，它是正确的；但对于无限集合，它就是错误的。因此，整数的部分是偶数。但偶数与整数一样多，这是一个显而易见的命题，因为如果整个整数序列中的每个数字都翻倍的话，那其结果将会是偶数序列。

$$1, 2, 3, 4, 5, 6\cdots\cdots$$
$$2, 4, 6, 8, 10, 12\cdots\cdots$$

因此，每一个整数都对应于一个不同的偶数。事实上，有多少不同的数字就会有多少不同的倍数，这个倍数就是偶数。

实际上，无限集合只有两个量级：即可数集与不可数集。有限集合区别于无限集合的地方在于，前者适用于一种特殊的推理方式：换位量三段论。可数集区别于不可数集的地方在于，可数集适用于一种特定的推理方式：费马推理。这种推理方式有时会被不恰当地称作"数学归纳法"。我在之前提到的那篇论文里做过说明。我将以此推理方式的一个例子，来讲讲欧拉对于整数次幂的二项式定理证明。这一定理表述的是 $(x+y)^n$（n 为整数）可展开为一连串二项式的和，第一项是 $x^n y^0$；其余每一项相比其前一项，x 的指数减 1，再乘以该指数；同时 y 的指数加 1，再除以增加的指数。那么，假定这一命题在指数为某值（例如 $n=M$）的情况下是正确的，那么在 $n=M+1$ 的情况下也应该是正确的。将 $(x+y)^M$ 的展开项中的一项写成 $Ax^p y^q$，那么这一项和紧跟着的两项将会是：

$$Ax^p y^q + A\frac{p}{q+1} x^{p-1} y^{q+1} + A\frac{p}{q+1}\frac{p-1}{q+2} x^{p-2} y^{q+2}$$

那么，当 $(x+y)^M$ 乘以 $x+y$ 就等于 $(x+y)^{M+1}$，我们先乘以 x 再乘以 y 而不是乘以 x，然后再将两个结果相加。当我们乘以 x 时，上面三项中的第二项将是唯一含有 $x^p y^{q+1}$ 的项，而第三项将是唯一含有 $x^{p-1} y^{q+2}$ 的项；当我们乘以 y 时，第一项将是唯一含有 $x^p y^{q+1}$ 的项，而第二项将是唯一含有 $x^{p-1} y^{q+2}$ 的项。因此，加入相似的项，我们会发现在 $(x+y)^{M+1}$ 的展开项中 $x^p y^{q+1}$ 的系数将会是上面三项中前两项系数的总和。因此，$(x+y)^{M+1}$ 的展开项中相连的两项将会是：

$$A\left[1+\frac{p}{q+1}\right] x^p y^{q+1} + A\frac{p}{q+1}\left[1+\frac{p-1}{q+2}\right] x^{p-1} y^{q+2}$$
$$= A\frac{p+q+1}{q+1}] x^p y^{q+1} + A\frac{p+q+1}{q+1}\frac{p}{q+2}] x^{p-1} y^{q+2}$$

于是从中可以看出，相连的项遵循这一规则。如果一个整数次幂遵循这一规则的话，那么下一个更高次幂也将如此。由于一次幂明显是遵循这一规则的，因此，所有次幂也都遵循这一规则。

这种推理适用于能够按顺序排列的任何对象的集合，虽然集合可能是无穷的，但却是可以编号的，因此其中的每个元素都能得到一个确定的整数。例如，所有的整数就构成一个可数集。此外，任何由某个有限整数集依据确定的规则运算得出的集合也是可数集。集合中的数字可依顺序排列。假设F为运算符号。首先对1运算，得出F(1)；然后再对1运算，得到F(1,1)；接下来引入2这个变量，得到第三个结果，以F(2)表示；然后是第四个，以F(2,1)表示；接着是第五个，以F(1,2)表示；第六个则是F(2,2)。接下来要使用第三个变量了，第七个就以F(1,1,1)表示，第八个以F(2,1,1)表示，第九个以F(1,2,1)表示，第十个以F(2,2,1)表示，第十一个以F(1,1,2)表示，第十二个以F(2,1,2)表示，第十三个以F(1,2,2)表示，第十四个以F(2,2,2)表示。然后再引入3这个变量，依此类推，轮流引入新的变量和新的数字。这样，很显然所有变量的整数值的每次排列在序列中都将获得一个编号的位置。[1]

无穷但可数的集合（之所以说"可数"，是因为集合中的所有数字可以按顺序排列，让每个数字都对应一个不同的整数）已经很大了。但也有一些集合是不可数的。无限小数的各个数位构

1　这一命题实质上与康托尔的定理一样，但以一种更普遍的方式被阐述出来。

成的集合就是不可数集。自欧几里德时代以来，人们就已经认识到，某些数字是不尽根的或不可通约的，且不能以任何有限小数或是循环小数确切地表示出来。例如圆的周长与直径的比值，我们知道它接近 3.1415926。这个数字的计算结果有超过 700 位数，而且在这 700 位数的排列顺序中看不出哪怕是最微小的规律性。这完美地证明了这个数字还有其他很多数字都是不可通约的。全体不可通约数的集合是不可数的，这已经得到了康托尔的明确证明。在此我就不做证明了。但很容易理解，要将一个集合与另外一个集合区分开来，通常就需要利用无穷系列的数字。如果这些数字不能被确切地表示和区分的话，那显然它们就无法排列成一个线性序列。

显而易见，一条线上或一段时间间隔内总共有多少个点，就会有多少个实数。这些便是不可数集。很多数学家曾鲁莽地假定，一个面上或一个体内的点要多于一条线上的点。但这遭到了康托尔的驳斥。实际上，很显然，对于每一个坐标值集合而言只有一个确切的数字。例如，假定坐标值都介于 0 到 +1 之间，然后将第一个坐标的第一个数字放在第一个小数的位置，并将第二个坐标的第一个数字放在第二个小数的位置，依此类推，在第一个数字都被分配完之后，再以同样的方式继续分配第二个数字，如果我们通过这种方法来构成一个数字的话，很显然从这个最终得到的数字上就能够读出坐标值。因此,三个一组或四个一组的数字(每个数字都有不可数的值)与单个的不可通约数拥有一样多的值。

假若维度数是无限的,那这一理论就不适用;不可数集的集合可能要比不可数集还要大,我们不妨称之为"无穷无限集"(endlessly infinite)。可是,这类集合中的单一元素是无法被指出的,甚至无法近似,因此实际上这个量级只能以最普遍的方式来进行推理。

尽管无限集合只有两个量级,但是当各元素在特定条件下按照顺序排列时,量级的区别就因此而显现出来了。因此,如果一个无限序列以一分为二的形式翻倍,且继而形成的第一部分和第二部分被按照与原来相同的顺序排列,那么这个翻倍的无限序列(只要以原来的顺序排列)将会是原来那个序列的两倍大。同理,两个不可数集合的乘积(即由两个集合中每一个体组成的所有可能配对的集合)如果保持其连续的顺序,那么凭借这一顺序,就会比原来两个集合中的任何一个都大得多。

那么,问题来了。什么是连续性呢?康德将其与无限可分性混淆了,他称连续序列的基本特征是:序列中的任意两个数中间总是能找到第三个数。这是一个非常清楚且明确的分析,但遗憾的是,它连最初级的考验都未能经受得住。因为,根据这一分析,按照其量级顺序排列的整个有理分数序列会是一个无限序列,尽管有理分数是可数的,但一条线上的点是不可数的。不仅如此,更为糟糕的是,如果从这个分数序列中删去任意两个数中间的所有数字,并制造出这样一个有限的缺口的话,康德的定义对于这个序列而言依然正确,但是这个序列显然已经失去了连续性。

康托尔将连续序列定义为连接的、完全的序列。"连接性"的意思是:如果在这样一个连续序列中给定任意两点,并给定任意有限的距离,无论距离有多小,从第一个点到第二个点中间都会有一系列连续的点,从前面的点到其中每一个点的距离都要小于给定的距离。按照大小排列的有理分数序列就是连接的。"完全性"的意思是,在这样一个包含了所有点的序列中,没有任何距离能够小到如此程度,以至于在该距离内没有无限个点。介于 0 和 1 之间,且小数部分只由 0 和 1 构成的序列就是完全的。

我们必须承认康托尔的定义包含了所有连续的序列,我们也不能用其定义中涵盖了某些重要的、不容置疑的不连续序列来反对他。然而,康托尔的定义还是存在着一些严重的缺点。首先,这个定义依赖于度量了,而且连续与不连续序列之间的区别显然是非度量的。其次,完全序列被定义为一个包含了某一类型的"所有点"的序列。但其定义却没有表达出对于所有这些点是什么的肯定概念:这是从否定角度所下的定义,不能被确证无疑。

如何形成清晰的观点

　　如果这类事情被允许的话，那立刻就会有人很轻易地宣称，连续的线性点序列包含了一条直线上两个端点之间的所有点。最后，康托尔的定义没有表达出对于连续性概念的组成部分是什么的不同意见。它巧妙地将连续性的特性总结在了两个单独的部分中，却没有向我们展示出来。

　　康德的定义表达了连续统的一个简单特性，但容许序列中有空白。要纠正这一定义，就必须注意这些空白是如何发生的。那么，让我们假定一个线性的点序列从一个点 A 扩展到第二个点 B，从点 B 起有一个空白，再扩展到第三个点 C，之后再一直扩展到最后的界限 D。然后，让我们假定这一序列符合康德的定义。那么，在 B 和 C 两个点中，有一个点或者两个点必须被从序列中排除出去，否则，按照其定义，这两个点之间就会有点存在。即如果序列中包含 C，尽管序列中包含了到 B 点的所有点，但不能包含 B。因此，要求以非度量的表达方式来表明，如果有界限的点序列被包含在一个连续统中，那么这个界限也被包含在内。你可能会注意到，这是连续统的特性，在康德将连续统定义为其各组成部分有一个共同的界限的时候，就似乎已经引起了亚里士多德的关注。这一特性可以被确切地描述如下：如果一个线性的点序列在 A 和 D 两点之间是连续的，取一个无穷的点序列，另外再取介于 A 和 D 之间的第一个点，以及介于之前的这个点和 D 之间的其他所有点，那么就会有一个介于那个无穷的点序列和 D 之间的连续序列的点，而且其他的每一个点都介于这个点和 D 点之间。例如，取任意一个介于 0 和 1 之间的数字，比如 0.1；然后取任意一个介于 0.1 和 1 之间的数字，例如 0.11；再取任意一个介于 0.11 和 1 之间的数字，比如 0.111；依此类推，无限进行下去。那么，由于介于 0 和 1 之间的实数序列是连续的，那其中就必定有一个最小的实数比那个无穷序列中的每个数字都要大。这一特性（或许可命名为"序列的亚里士多德性"）再加上康德的特性（或许可命名为"康德性"），我们就完整地定义了连续序列。

如果我提到的是实数，而不是一条线上的点的话，那我们的观念就更容易表达了。每一个实数在一定意义上都是一个序列的界，因为它可以被无限接近。每一个实数是不是一个规则序列的界或许会不确定。但亚里士多德性序列必须被理解为包含了所有无论是否规则的序列。因而，其意思是在任意两个点之间都可以取出一个不可数的点序列。

每一个数字（以小数表示，并要求其小数的位数是有限的）是可通约的。因此，不可通约数意味着其小数的位数是无穷的。"infinitesimal（无穷小）"这个词只是 infinitieth 的拉丁文形式，即这是一个形成自 infinitum（无限）的序数，就如同 centesimal（百进制的）源自centum（百）。因此，连续性意味着无穷小的量。关于这类量的概念没有任何反驳的声音。不管是做乘法还是加法运算，连续性都不会被打破，因此它们非常像其他的量，除了换位量三段论，费马推理也不适用于它们。

如果A是一个有限的量，而i是一个无穷小量，那么在某种意义上，我们可以写$A+i=A$。也就是说，对于度量目的而言是这样的。但是，除非是为了消掉无穷小量最高阶的项以外，这一原理是不能应用的。作为一个数学家，我更喜欢无穷小量的方法，而非极限方法，因为前者要容易得多，也没有那么多的陷阱。事实上，后者如同一些书中所描述的，牵涉到了错误的命题，但这并不是柯西、杜哈梅和其他人所采用的方法的形式。因为他们了解极限学说，它涉及了连续性的概念，并因此以另外一种形式包含了与无穷小量学说完全相同的观念。

让我们来考虑一下亚里士多德原理的一个方面，该原理在哲学中尤其重要。假设一个表面有一部分是红的，有一部分是蓝的，那么这个表面上的每一个点要么是红的，要么是蓝的；当然，没有哪个部分可以既是红的又是蓝的。那么，介于红和蓝之间的分界线是什么颜色的呢？答案是：红色或者蓝色（是根本存在的）必定会在一个面上扩散，而这个面的颜色就是这个点直接相邻的表面的颜色。我故意采用了一种模糊的表达方式。由于和弯曲的分界线上任意一个普通的点直接相邻的面的部分一半是红的，一半是蓝的，因此分界线也一半是红的，一半是蓝的。同理，我们发现有必要赞成意识实质上占用时间的观点，在任何一个平常的瞬间出现的想法正是在那一瞬间发生的那个片刻里所出现的想法。因此，现在是一半已经过去，一半即将到来。此外，一个表面从一个点起任意有限距离内的各部分的颜色与这一个点的颜色无关。同样地，从现在起任何有限时间间隔内的感觉与现在的感觉无关，间接感受除外。再举一个例子：粒子在任何一个瞬间的速度是其在一个包含这个瞬间的无限小片刻里的平均速度。因此，我此时此刻的感觉是我在一个包含了现在这个瞬间的无限小时间间隔里的感觉。

时间的分析

关于思想的规律最显著的一个特征是：它使得时间在从过去流向未来的过程中有明确的方向。谈到思想的规律，过去之于未来的关系不同于未来之于过去的关系。这造就了思想的规律与物理力学定律之间的一个重大差异。在后者中，两个方向相反的力，与向南走和向北走之间的差别是一样的。

因此，为了分析思想的规律，我们必须开始问时间的流动存在于什么之中。我们发现，谈到任何一个人的情绪状态，其他的所有人可分为两种类型，即那些影响这个人的情绪状态（或者有倾向影响，稍后探讨其含义）的人和那些没有影响这个人情绪状态的人。现在是受到过去的影响，而非受到未来的影响。

此外，如果状态 A 受到了状态 B 的影响，状态 B 又受到了状态 C 的影响，那么状态 A 将受到状态 C 的影响，不过影响并没有那么深。因此，如果 A 受到了 B 的影响，那么 B 就不会受到 A 的影响。

如果两个状态中的每一个状态都没有受到另外一个状态的绝对影响，那么这两个状态就被视作同一个状态的两个部分。它们是同时发生的。

称一个状态介于两个状态之间意味着，它影响着其中一个状态，并受到另外一个状态的影响。从这个意义上讲，在任何两个状态之间都存在着一个不可数的状态序列，该序列中的状态之间是互相影响的。如果一个状态介于一个给定的状态和另外一个状态之间，同时在后者与第三个状态之间还可插入其他的状态，且这些插入的状态不会立即影响这两个状态或是受到其影响，那么第二个状态会立即影响第一个状态或是受到其影响，因此，各状态之间影响的程度是在依次减弱的。

这些命题涉及了时间的定义及时间的流动。除了这个定义之外，这些命题还涵盖了一个学说，即每一个感觉状态都受到了之前的每一个感觉状态的影响。

感觉具备强烈的连续性

具备连续性的时间从逻辑上讲包含了某种其他的不同于自己的连续性。时间是变化的普遍形式，除非有事情经历变化并且经历连续的变化，时间才无法存在；而在时间中连续的变化，就要求可变性质的连续性。关于感觉的内在特点的连续性，我们只能形成一种薄弱的概念。人类思想的发展事实上使所有的感觉不复存在，除了一些不定时发生的感觉类型：声音、颜色、气味、热度等，这些感觉似乎是不连贯的，而且完全不同。至于颜色，则有一种在三维空间内扩散的感觉。起初，所有的感觉可能以同样的方式关联在一起，并推定空间维数是无穷的，因为发展本质上涉及了可能性的局限。但是，给定一个感觉的空间维数，通过改变各种元素的强度便能获得所有可能的变化。因此，时间从逻辑上讲意味着一个感觉强度的连续系列。所以，从连续性的定义出发，当任何一种特别的感觉出现时，所有感觉的无穷个连续统与现在的感觉有着极小的不同。

如何形成清晰的观点

感觉具有空间广延

　　提到原生质体，大家会说阿米巴变形虫或黏菌。原生质体与神经细胞的内容物并没有本质的不同，但是其功能或许没那么专业化。毫无疑问，这种黏菌或阿米巴变形虫，或至少某种类似的原生质体能够被感觉到。更确切地说，在其处于活跃的状态下能够被感觉到。但是要注意它是如何活动的。当整个原生质处于休眠状态并且很僵硬的时候，触碰其上面的部位会令人感到不适。但就在此时，它开始建立活跃的活动，并逐渐扩展至其他部分。我们无法在这种活动中觉察出统一性，也觉察不出其与细胞核或其他单一器官的关联。这仅仅是一个无定形的原生质连续统，感觉是从一个部分传递到另外一个部分的。此外也不存在类似波动性的活动。这种活动没有像离开旧的部分时那样快速地推进到新的部分。相反，它却在以一种比延伸时更慢的速度逐渐消失。这一过程发生时，通过在另一点刺激原生质体，第二个非常独立的活跃状态将得以建立。在某些部位，既没有刺激，还各自独立；而在其他部位，两种效果将叠加到一起。无论在整个现象中是什么使得我们认为——在这类原生质体中存在感觉，这种感觉（但明显不存在人性）都从逻辑上说明——其感觉有一种主观的或实在的空间广延，如同其活跃状态一样。毫无疑问，我们要把握这一难以理解的观念，因为这是一种主观的而非客观的广延。并不是说我们所拥有的是对于体积的感觉，尽管詹姆斯教授正是这样教授给我们的。感觉作为一个内在的研究对象是很重要的。此外，我们自己的感觉都集中在对这一点的关注上，以至于我们都没有意识到观念并未达到完全统一，正如没有做过专门实验的人对双眼视域的独立性几乎一无所知一样。此外，我们都知道，我们感觉的关注点是如何的徘徊不定，而这一点表明在关注点上不协调的感觉有相应的外在性，尽管它们是同时存在的。但我们不能指望通过内省去弄明白一个实质上涉及的是外在性的现象。

由于空间是连续的，因此在无限接近的两个思想部分之间必定存在一个直接的感觉群。没有它的话，我认为思想不可能从外部与别的思想达到协调一致，同样也不可能在大脑神经物质的运转中建立任何协调性。

观念的影响

但我们遇到了这样一个问题：说一个观念影响另一个观念是什么意思呢？要阐明这一问题，则需要我们更进一步地去探寻现象。

第一，观念由三个元素构成。第一个元素是其作为感觉的内在特点。第二个元素是其所具备的影响其他观念的活力，这种活力在此时此刻的直接感觉中是无限的，而在新近的过去则是有限的且相关的。第三个元素是一个观念导致其他观念一同产生的倾向。

在一个观念扩展的过程中，其影响其他观念的力量迅速减弱，但其内在特点几乎保持不变。自从上次我在礼服中见到一件深红色的衣服已经过去好多年了，我对那件衣服颜色的记忆已经模糊了很多。不过，我并没有把颜色本身记成暗红色。我也没有倾向要称其为暗红色。因此，其内在特点基本保持不变，但是更准确的说法是其内在特点略有减弱。另外，第三个元素已经增强。除了我所能记起的，我过去见过的红衣主教似乎更多的是穿着深红色的长袍，而不是非常明亮的朱红色。此外，我知道通常所说的深红色更偏向朱红色的深红色一面，色彩非常温和，最初的想法让我们回忆起如此多其他的色彩，并大大减弱了对其本身的记忆，以至于我再也不能将其孤立起来。

有限的时间间隔通常包含了数不清的一系列感觉，当这些感觉被结合起来，其结果便是一个总体的观念。因为我们刚刚已经明白了：一个观念是如何通过连续的扩展而成为一个总体观念的。

因此，总体观念的第一个特点是：它是一个逼真的感觉。这种感觉的连续统（持续的时间无穷小，但依然包含了无数的部分,并且虽然无穷小,但没有极限)是直接存在的。除了缺少上下界,我们还能直接感觉到:其存在不仅仅是缺少局限性的模糊可能。

第二,在感觉的这种连续性面前,唯名论的座右铭似乎没用。毫无疑问,一个观念在影响着另外一个观念,我们可以直接察觉到一个观念在逐渐改变,并发展成另外一个观念。对于一个观念效仿另外一个观念也不再持有任何异议,我们可以将连续的特点从一个观念传递至另外一个观念,然后再重新回到我们标记的点。

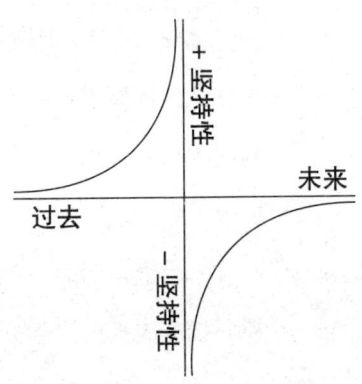

第三,要考虑一个观念的坚持性。一个过去的观念对于现在的强迫是一个非常大的量(会进一步支持过去的观念),并增

加至无穷大,因为过去的观念会被谈到,而与现在的观念并存。在这里,我必须尝试思想的规律的一个归纳式应用,思想的规律已经为所有积极的科学带来伟大的结果。我们必须将坚持性的规律扩展至未来。简单地说,未来观念对于现在的坚持性是负影响的量,因为现在影响未来,如果有任何影响的话,也不会是未来影响现在。因此,坚持性的曲线是一种等边双曲线(看数字)。这样一个概念依然是数学的,但其数量不能立刻被准确地表示出来。

那么考虑一下我们这里已经引入的归纳法。这条曲线表示的是,尚未演变成直接意识的感觉已经在影响其他感觉或是为其他感觉所影响。事实上,这就是习惯,因为一个观念被提出,并被一条已经建立在它与另外一个依然还属于未来的观念之间的纽带紧密联系起来,从而融合到现在的意识中。

现在,我们可以明白一个观念受另外一个观念影响的原因是什么。被影响的观念可称作一个逻辑谓词,而施加影响的观念则是主词。因此,当一个感觉演变成直接的意识时,它总是会作为一个几乎是总目标的版本出现,而这个总目标早已经在脑中形成。"暗示"这个词非常适合表达这种关系。未来得到了过去的暗示,或者说受到了过去的暗示的影响。

观念无法连贯起来，除非是连续性的

如果没有连续性，那观念绝不会是连贯的，你只需认真思索一下，就会发现这是显而易见的。但是，一旦连续性使观念得以连贯起来之后，可能就需要重新考虑这一观点了，即观念可能会以其他的方式而不是通过连续性被连贯起来。当然，我无法理解一个人会如何否认——宇宙的无限多样性（我们称之为"偶然"）会让在一个总体观念中互相没有关联的多个观念相接近。可能这样的偶然事件会发生很多次。但是，接下来，连续扩展的规律就会产生一种思想联系，我猜这就是对宇宙演变方式的一种简略表述。但是，如果我被询问盲目的连续性（$ἀνάγκη$）会不会令观念连贯起来，首先，我会指出它不会一直盲目。观念之间存在着一种连续的关联，这些观念在一个逼真的感觉中确实可靠地联系在一起，并且感知着总体的观念。其次，我无法明白这种连续性的必要性在于什么。唯名论者会说，在于现象的绝对统一性。绝对的是先决条件，因为如果仅仅接连3次或者接连300次发生这样的现象，那么在缺乏理由时，统一性只能归因于偶然。但是绝对的统一性必须扩展至整个无限的未来，这样的讨论是无意义的，除非是作为一个观念来讨论。不，我认为我们只可以赞成无论观念在哪里结合到一起，都倾向于融合为总体观念，无论它们通常在哪里联系在一起，总体观念都支配着这种联系，这些总体观念是扩展开来的现存感觉。

心理规律遵循逻辑的形式

逻辑推理有三大类：演绎、归纳和假设。它们契合了人类灵魂三种主要的行为方式。在演绎过程中，思想处于习惯或联想的支配之下，每种情况下的总体观念都暗示着一种相应的反应。但某一感觉中似乎包含了那个观念。因而，跟随感觉而来的便是相应的反应。就像你把青蛙的后腿切下来，然后去戳它的时候，它会有反应一样。这是心理表现的最低等形式。

通过归纳，一个习惯得以确定。跟随某些感觉（这些感觉均包含了一个总体观念）而来的是同样的反应；而一个关系得以确立，凭借这一关系，跟随总体观念而来的也是相同的反应。

习惯是思想的规律的特殊化，由此一个总体观念才能获得兴奋反应的力量。但是，为了总体观念能够获得其功能性，同样有必要让它容易受到感觉的影响。这一点可通过假设推理形式的心理过程来实现。正如我在其他著作中所阐述的，通过假设推理，我想要表达的是一种对特点的归纳。例如，我知道被认为且被归为"逍遥派"的那种人都有特定的个性。他有很强的自尊心，看重社会荣誉。他感叹粗暴的行为和粗俗的友情在美国政客处理与其选民之间的事务中扮演着重要角色。他认为随着放弃以巩固政党组织为目的来分配职务的制度,回归最早的"谁抢到就是谁的"模式而来的改革有益无害。他认为,在国家政策问题上,财政方面的考虑通常应该是决定性的。他看重个人主义和放任主义的原则,认为那是文明社会最伟大的力量。我明白这些观点是"逍遥派"的突出标志。那么,假设我在火车上偶然遇到一个人,在和他的谈话中发现他持有这类观点,那么我自然会去猜想他是一个"逍遥派"。这就叫假设推理。更确切地说,挑出"逍遥派"很多易于证实的标志,我发现这个人的身上有这些标志,因而推断他有这类人应具备的所有其他特征。或者让我们假设,我遇到一个有点像牧师、身上有股伪善气息的人,他审视事情的视角看上去像是有点呆板的二元论。他会引用几段《圣经》原文,并且总是特别关注其逻辑推论。另外,他对做坏事的人基本上都会表现出一种严厉的态度,几乎达到了怀恨在心的程度。那我很容易就能够推断出:他是某个教派的一名牧师。而头脑的运转方式就类似于此,每次我们都需要以一种特殊的方式协调反应的力量,因为做任何举动都需要技能。因此,大多数人很难做到让两只手以相反的方向同时动起来,在身体的中间平面画两个近乎平行的圆圈。要学会这样做,就必须首先注意运动各个不同部分的不同动作,当一般的动作概念能够突然跳出来的时候,做动作就变得非常容易了。我们认为,我们试着要做的运动包含了这个或那个动作。然后,一般观念会产生,而将所有这些动作联合在一起,随即做出动作的渴望会召唤出一般观念。每当我们学习说一门语言或者获得某种技能时,同样的思想过程都会被运用多次。

因此,经过归纳,一些感觉会随之带来一种反应,这些感觉在一个一般性观念下联合在一起,而这个一般性观念随之也会带来相同的反应。而通过假设过程,因一个时机而产生的很多反应在一般观念下联合在一起,这个观念也是因相同的时机而产生的。推理可以得出,习惯会满足在某些时机下引发某些反应的功能。

心理行为的不确定性

推理的归纳和假设形式是关于实然,而非必然的;而演绎可能推出实然,也可能推出必然。

但是,似乎没有任何心理行为是必然的、不变的。不论以何种方式,大脑都是在给定的感觉下做出反应的,在这种方式下,更可能再次做出反应。不过,如果这是绝对必然的,那习惯将成为呆板且根深蒂固的行为,不会留给你偶然去形成新的习惯,智识生活也将就此很快结束。因此,心理规律的不确定性不仅仅是心理的一个缺点，而且与其本质相悖。事实是，大脑不会受"规律"的支配，而给人同样死板的感觉。它只会经历温和的力量，这种力量只是使它更可能以一种给定的方式而非别的方式去运转。大脑的活动中总是保有大量随意的自发性行为，没有这些自发性行为的话，大脑的运转将会是呆板的。

　　一些心理学家想要借助疲劳定律，以必然因果的原理来调解反应的不确定性。不过，它实在算不上真正的定律。我认为，它仅仅是一个普遍原理的一个特例：一个观念在传播的过程中失去了其坚持性。在我的色拉里放上龙蒿叶，如果我多年没有吃过龙蒿叶的话，我会惊叫："多么美味的食物啊！"但是，如果将它加到我的每盘菜里，让我吃上几周的话，习惯就会发生。于是，蔓延到习惯中时，这种感觉几乎就无法让我对其产生任何更多的印象。或者，如果它被注意到的话，那也是从一个新的视角被看成一种令人讨厌的东西。对于"疲劳是大脑的初发现象之一"这个学说，我更倾向于表示怀疑。在心理统一性的大原则下，这个例外开的口子实在不大。鉴于这个原因，我更愿意将其阐述为这一大原则的一个特例，就像刚才说过的那样。要将其看作在性质上就不同的事情，无疑在某种程度上巩固了必然论立场。但即使它是不同的，心理行为也具有繁多性与显而易见的任意性，如果强加绝对决定论的假设，然后再试图去解释，这也绝非偏重事实而非执念的清醒判断之所为。

规律的重述

现在,我会试着收集注释中所有这些零碎的东西,并以一种统一的方式来重申思想的规律。

那么,首先,我们会发现,当我们从唯名论、个体论和感觉主义的角度去看待观念时,哪怕是最简单的想法都会变得毫无意义。一个观念应该会类似于另一个观念或对其产生影响,或者说一种思想状态应该与另一种思想状态相近,从这个角度出发也全无意义。

其次,通过这种方法以及其他方法,我们会被驱使着意识到一件本身就非常明显的事情:瞬间的感觉会一起汇聚成一个感觉的连续统,这一连续统具有奇异的活力,并且获得了一般性。关于这类一般性观念或者感觉的连续统,在相似性、暗示性、外部参照性方面的困难将不复存在。

再次,这些一般性观念不是单纯的话语,表明在某种描述的条件发生时,某些具体事实就总会发生,它们也不在这些话语中。观念只是它们自身,或者说是真切的现实,而不是由外界产生的感受。我们说心理现象由规律支配不仅意味着它们可以以一种通式来描述，而且是存在一种现有的观念，即一个有意识的感觉连续统，心理现象中遍布这一想法，并且都服从于它。

然后，这一终极的规律（也就是真切的、超凡的和谐）甚至不要求特殊的观念完全放弃其特有的任意性和反复无常性，因为这会导致自我毁灭。它只要求观念之间的相互影响。

最后，这种统一会发挥多大程度的作用似乎只受特殊规则的影响，或者，至少以我们目前的了解，还无法知道这种作用会到什么程度。但是可以说，从表面现象判断，人类意识现象中任意性的量既不是完全微不足道的，也不是非常显著的。

人　格

因此，在试着阐述思想的规律的时候，我通常会转而考虑在我们自己意识中非常突出的一个特别现象，即人格。最近有关双重人格和多重人格的言论像一道强光投射在这个话题上。一个身体中的两个人与大脑的两个半球相符合，这一曾经看似有理的理论（我猜想）如今被普遍认为是不足的。但是，这些例子非常明显地表明了：人格是观念的某种协调或联系。或许对此无须说太多。但是，在我们考虑这一点的时候，依据我们在追寻的原理，观念之前的联系本身就是一个一般观念，一般观念是一个真切的

如何形成清晰的观点

感觉，显而易见，我们至少已经朝着对人格的理解迈出了相当客观的一步。像任何一般观念一样，人格不是一个立刻就能被理解的东西。它必须存在于时间中，任何有限的时间都无法包含完整的人格。但是，在每一个无穷小的时间间隔里，人格是存在的，并且是真切的，尽管那一时刻的即刻感觉会带有特别的色彩。人格只要立刻被理解，就会变成直接的自觉意识。

但"协调"这个词所暗含的意思不只如此，它包含了观念中一种目的论的协调，就人格来说，这种目的论不只是对注定结果的一种有目的的追求，而且是一种发展的目的论。这就是个人性格。一般观念是真切的、有意识的，它已经在一定程度上将未来的行为限定在目前还不自觉的范围内。

这种对未来的参照是人格的一个本质要素。如果一个人的结局已经确定了，那么就没有空间去发展、去成长、去生活，因此也就不会有人格。仅仅执行已定目标太过机械。这一言论适用于宗教哲学。一种真正发展的哲学可使成长的原理成为宇宙的一个初生元素，这种哲学不但不会与人格化创世者的观念敌对，而且与人格化创世者的观念是真正不可分的，虽然必然论宗教的立场完全错误，注定会崩塌。但是，假演化论将机械规律凌驾于成长原则之上，这立即就会让人觉得不合乎科学，因为它没有给出有关宇宙是如何发生的这一问题的任何合理的暗示，并且没有给

"人与神之间的沟通"留下任何空间。

沟　通

　　鉴于这一学说是在这篇文章的开始就被提出来的,我要坚持的看法是:一个观念只能被与它持续相关的观念影响。除了观念之外,它一点也不会被任何事情所影响。这迫使我说(我也确实要这样说),我们称之为"物质"的东西并不完全是死的,而是被习惯固结下来的思想。它依然保有多样化的要素,生命便在多样化中存在。当一个观念从一个头脑中被传递到另一个头脑中时,它是以自然的多样化元素相结合的形式来传递的,以某种奇妙的对称性来进行,或者比方说是一种温和色彩与一种优雅香气的集合。力学定律不适用于这类形式。如果是永恒的,那它们是在精神上的表征,它们的起源无法被任何机械论的自然规律说明。它们是蕴含的观念,因此只能传递观念。原始的感觉(例如颜色和色调)有多么令人兴奋,以目前的心理状态,我们还无法准确地说出。虽然我们无知,但我认为我们有自由去假设它们的产生基本上与其他感觉(被称为"间接感觉")具有相同的方式。关于正被谈论的视力和听觉,我们知道它们只有在表现出不可思议的复杂性时才令人兴奋,化学的感觉或许不会更简单。即使是最缺少心灵感受的末梢感觉（按压的感觉），在其处于兴奋状态下时，尽管显然很简单，但在我们细想其分子及其吸引力时，也会被视为十分复杂。我一开始就遵循的原则要求我坚持认为，这些感觉是由连续性传送至神经的，因而兴奋中肯定有类似于这些感觉的东西。如果这听起来夸张的话，请记住这是对感觉做出解释的唯一合理方式，否则就必定被断言成一个普遍的事实，完全无法解释的并且是终极的事实。在任何情况下，合理的逻辑都绝不会证成绝对的不可解释性。

有人可能会问我，我的学说是否赞同心灵感应。对此，我还没有确定的答案。乍看之下，似乎是不赞同的。除了时间与空间的持续相关性方式，思想之间的持续相关性可能还有其他方式。

一个人认识另一个人人格的方式在某种程度上与他意识到自己人格的方式是相同的。第二人格的观念（基本说的是第二人格本身）进入到第一个人直接意识的领域，立即就会被理解为他的自我（ego），尽管并不强烈。与此同时，两个人之间的敌对会被感觉到，结果第二人格的客观性就会被认清。

遗憾的是，两个思想间内部沟通的心理现象鲜有人研究。因此，无法确定地说这些现象是否支持这一学说。但是一些人能够从暗示中获得的其他人的非凡洞察力，无疑得到了这里阐述的这一观点更加易懂的表达，这些暗示非常细微，以至于很难确定其是什么。

连续论哲学所面临的一个难题就在于此。在考虑人格时,该哲学被迫接受人格化上帝的学说。但是在考虑沟通时,它不得不承认:如果人格化的上帝存在,那我们必须对其有直接的感知,并与其发生个人性质的沟通。那么,如果是这样的话,问题就来了:人格化上帝的存在怎么会受到任何人的质疑呢?目前我能够给出的唯一答案是:站在我们面前,面对面盯着我们的事实,未必总是最容易被觉察到的事实。很久以前就有人这样说过了。

结 论

在这篇短文中,我阐述了连续论哲学,并将其应用于思想中。我认为,我已经成功地说明了以下观点:这一学说为很多事实的解释提供了空间,没有这一学说的话,很多事实是完全且没有希望得到解释的,并且它还随之带来了以下学说——第一,一种合理的逻辑实在论;第二,客观唯心主义;第三,偶成论,在这之后便产生了彻底的演化论。我们还注意到,该学说并不像有些哲学观一样排斥精神的影响。

第四篇　人类的玻璃本质[1]

在 1891 年 1 月的《一元论者》中,我试着说明概念应该构成哲学系统的"砖头和水泥"。这其中最重要的是绝对的偶然,在上一篇于 4 月发表的文章[2]中我又再次提出理由,并进行了证明。7 月时,我将另一个基本理念(连续性)应用到了思维规律中。接下来,按照顺序,我必须去阐发实在的心理与物理两个方面之间的关系。

我认为,第一步应该是原生质的分子理论框架。但是在此之前,略谈物质的总体构成是必不可少的。因此,我们会不可避免地走很长一段弯路,但终究我们的辛苦不会白费,因为本系列文章中之后的主题用得着这一点。

所有的物理学家都肯定会赞同以下观点:所有可感知的物质都是由分子构成的,这些分子在快速运动,并且发挥着巨大的相互吸引

1　参见 1892 年 10 月《一元论者》。
2　我很欣喜地发现,自我的上一篇文章发表以来,思想精微、知识渊博的哲学家埃德蒙·蒙哥马利博士一直在为宇宙中的同一要素而争辩。而其他世界著名的思想家像勒努维耶和德尔伯夫似乎也同样持有这一观点。

力,或许还有排斥力。相关证据是压倒性的。连原本不关心物质内部结构,想要复兴空间由物质充满的学说的威廉·汤姆逊爵士(开尔文勋爵)都不仅谈起了分子,还说要花大力气去研究。才华横溢的斯特洛法官有点不自量力,在一本值得仔细精读的著作中向原子学说宣战。对于他在费克纳的专著中看到的支持原子学说的老论据,他能够做出非常有力的回应,尽管这些回应还不足以推翻那些论据。但是,在对抗现代的证据方面,他完全没有任何进展。这些现代的证据是从热力学出发的。拉姆福德的实验说明:热并不是一种物质。焦耳论证了热是一种能量形式。恒定体积气体的加热过程及兰金所举例的其他事实证明,热不可能是一种应变能。这驱使物理学家们得出结论:热是一种运动方式。然后,约翰·伯努利证明:假定气体分子以直线路径匀速运动即可解释气压现象。当今,同样的假设被认为可以来解释阿伏伽德罗定律,即相同压力和温度下,同体积的不同种类气体包含相同的分子数。不久之后,有人发现它还能够解释气体的扩散定律和黏性定律,并且能解释这些特性之间的定量关系。最后,克鲁克斯的辐射计为支持任何物质假设的有力证据链提供了最后一环。

气体的构成就是这样。液体显然必然是分子以曲线路径运动的物体;而在固体内部,分子是绕轨道或类似轨道运动的。[1]

---

1 参见《世纪词典》(*Century Dictionary*)的"固体"词条 II 和 I。

我们明白，依据分子论的一个主要论点，抵抗可感知物体间相互压缩和渗透的力量在很大程度上是借助了粒子动能，通常粒子之间的距离必定被假定离得非常远，即使是在固体内部。这种抵抗力毫无疑问会受到分子间有限的吸引力与排斥力的影响。物体的不可穿透性是我们可以观察到的，由于动能和位能，这种不可穿透性是一种有限的不可穿透性。在这种情况下，我们不能合理地假定分子或原子具有绝对的不可穿透性，或者占据着各自的空间。这是一种无根据的假设，不是真实原因（vera causa）。除非我们放弃能量理论，否则就必须承认分子间有限的位置吸引力与排斥力。绝对不可穿透性将导出特定距离内一种无限的排斥力。这个荒谬的理论与连续性原理背道而驰，而目前并没有已知现象来支持它。简而言之，我们从逻辑上讲必定要采用博斯科维奇的理念：原子仅仅是部分势能结合惰性在空间里的一种分布（这种分布是绝对严格的）。势能属于两个分子，且被设想为 A 分子和 B 分子之间的势能不同于 A 分子和 C 分子之间的势能。势能的分布不一定是球形的。不但如此，我们可以想象一个分子拥有多个中心，甚至可能拥有一个回到自身的中心曲线。但我认为，没有任何被观察到的事实表明存在这

1　在科学逻辑中，根据真实原因指的是被认为在某些情况下存在、且在其他情况下应该也存在的那些事物的一种状态，因为它会解释被观察到的现象。

种多个或者线性的中心。另外，很多与晶体有关的事实，尤其是那些被沃伊特[1]观察到的事实表明：能量的分布是和谐的，但不是同中心的。我们可以很容易推测出这些原子必须施加在其他原子上的力，这是因为考虑到[2]它们等同于一对对互相无限接近的电子正负极点的聚集。关于这样一个原子，会有正电势和负电势的区域，这些区域的数量和分布将决定原子的化合价。我们很容易看到，化合价在很多情况下都是不唯一的。目前，我还不能进一步详述这一假设。在另一篇文章中，其因果关系将得到进一步考虑。

我并不预期阅读这本杂志的哲学研究者精通现代分子物理学，因此应该提一下：在这一科学分支中最重要的原理是克劳修斯的位力定理（*Virial Theorem*）。我将首先陈述这一定理，然后会解释这一陈述中的特殊术语。它的内容是稳定自引力系统中粒子的总动能等同于总位力。此处的"系统"指的是若干相互作用的粒子。[3]稳定运动是粒子系统中的类轨道运动，粒子的位移和速

1　参见威德曼（Wiedemann）的《物理学年鉴》（*Annalen*）1887—1889 年刊。
2　参见麦克斯韦在他的《论电和磁》（*A Treatise on Electricity and Magnetism*）著作中关于球函数的介绍。
3　"系统"或"体系"这个词，在数学中有三个特殊的含义。其一，它是对天文观测结果的一种有序呈现，因此是有关星体运动的学说，例如托勒密体系、哥白尼体系。这很像加尔文神学体系、康德哲学体系等。其二，它指的是若干按照大致相同方式运动的行星的集合，例如太阳系，因此，它是在相互的作用力下运动的粒子集合。其三，它指的是同时作用在若干粒子上的多个力。

度都不会无限上升。需要利用粒子动能使粒子静止下来，这种动能属于可以对粒子起作用的任何力中的一种。一对粒子的位力就是独立于距离的情况下，两者之间的作用力会做的功的 $\frac{1}{2}$。位力方程如下所示。

$$\tfrac{1}{2}\Sigma\, mv^2 = \tfrac{1}{2}\Sigma\Sigma\, Rr$$

这里，m 是粒子的质量，v 指的是其速度，R 是两个粒子之间的吸引力，r 是两个粒子间的距离。左边的符号 Σ 代表 mv^2 之和，而右边的 $\Sigma\Sigma$ 符号指的是所有粒子与 Rr 相加得出的值。如果该系统上存在外部压力 P（例如大气压），且该压力界限内空间的体积是 V 的话，那么其位力必定被理解为包含 $\tfrac{3}{2}PV$，因此其方程为：

$$\tfrac{1}{2}\Sigma\, mv^2 = \tfrac{3}{2}PV + \tfrac{1}{2}\Sigma\Sigma\, Rr$$

我们有强有力的（即使不是演绎性的）理由去相信：高于绝对零度（-273.15°C）的任何物体的温度都与其分子的平均动能成比例，或者表示为式子 $a\theta$，其中 a 是一个常量，而 θ 是绝对温度。因此，我们可以写出下面的方程。

$$a\theta = \tfrac{1}{2}\overline{mv^2} = \tfrac{3}{2}PV + \tfrac{1}{2}\sum \overline{Rr}$$

上划线表示取各个分子的平均值。1872年，莱顿大学的范德华在其博士毕业论文中提出了对位力方程的一种具体表达，并因此引发了极大的关注：

$$a\theta = \left(P + \tfrac{c}{V^2}\right)(V - b)$$

b 是分子的体积，他将分子假定为一个不可穿透的物体。该方程的优点也全在于 b 这一项，它让方程变成了关于 V 的三次曲线，而这是说明某些等温曲线的形状所必需的。[1] 但如果不可穿透原子的概念是不合逻辑的，那么不可穿透分子的概念也几乎是毫无意义的。因为物质的动力学理论告诉我们：分子就像是一个微型的太阳系或星团。除非我们假定：在气体和水蒸气的加热过程中，其内部运动是作用在分子上的，这暗示原子之间的距离相当大，否则整个气体动力学理论就都是错误的。至于增加到 P 上的这一项，也只有片面的、近似的理据。也就是说，让我们想象在一个粒子四周

1　但是，事实上，对这些等温曲线进行考察后足以说明这些等温曲线的指数要大于3。一方面，有曲线 $V=0$，也就是说，V 相对于一条渐近线为常量；另一方面，当 P 足够小的时候，$d^2P/(dV)^2$ 又是正值。

有两个球体以该粒子为中心，较大的球体半径非常大，以至于包含了所有能观察到围绕其旋转的粒子，而较小球体的半径也足以将很多分子包含在内。将这样一个球体描绘成外部球体的可能性暗示着：粒子间的引力在一定距离内成高次反比。说得更清楚些，引力与距离立方之积随距离增大而减小，因为在与任何一个粒子的给定距离内，粒子的数量与这一距离的平方成正比，并且这其中的每一个数量都成为位力方程的一项，是吸引力与距离的乘积。因此，除非吸引力乘以距离的立方随着距离迅速减小，并很快变得无法感觉到，否则就没有这样的外部球体能够像假定的那样被描绘出来。不过，一般经验表明：这样的球体是可能存在的，因此必定存在这样的距离能够使吸引力随着距离的增大而迅速减小。那么，被如此描绘的这两个球体由于介于它们之间的粒子，就要考虑中心粒子的位力。将物质的密度增加 N 倍，那么，对于每一次改变，压缩之前位力方程中的 Rr 在压缩之后将会有同样量级的 N 项。因此，每一个粒子的位力将与密度成正比，位力方程将变成：

$$a\theta = pv + \frac{c}{v}$$

这忽略了球体内部的位力。在内径范围内，其内粒子的数量与较大球体内的粒子数量不成正比。对于范德华而言，这个半径就是他假设的"硬"分子的直径,这一假定使他得以提出他的方程。但很显然,分子之间的吸引力必定在某种程度上改变着其分布,除非满足一些特殊的条件。因此,范德华方程大致是正确的,但仅是对于气体而言。在固体或液体状态下,小量压力的去除对体积的影响很小,因此位力必定比 $P\overline{V}$ 大得多,位力也必然随体积而增大。假定我们有一种处于临界状态的物质,在该状态下体积的增加会使位力减小,减小的量要超过 $\frac{3}{2}P\overline{V}$ 。如果我们施加一个力压缩该物质的体积,那么当温度相等时,该物质可承受的压力将小于之前的压力,并且会被进一步压缩,这种情况会无限继续下去,直到达到一种状态,在这一状态下,体积变大导致的增加量 $\frac{3}{2}P\overline{V}$ 超过了位力的减小值。至于固体,至少 P 可能是 0,达到的状况将会是一种位力随体积的增加而增大的状况,或者粒子间的吸引力不会随着距离的减小而快速增大,不会快到像吸引力随着距离的变化而成反比变化那样。

几乎与范德华的论文同一时期,另外一篇著名的博士论文由阿马伽在巴黎发表。这篇论文是关于气体的弹性和扩张,针对这一题目,这位杰出的实验物理学家付出了他的整个后半生。格外有趣的是他对温度处于 20℃到 100℃之间、压力处于 1 平方英寸 1 盎司到 5000 磅范围内的乙烯和碳酸的体积的观察资料。阿马伽一获得这些结果就宣称:"在体积恒定情况下的扩张系数"几乎是恒定的。这里的扩张系数（很荒唐，但已经叫开了）指的是压力随温度变化的速度。这一结论与位力方程相符合，因而给出了以下方程式：

$$\frac{dp}{d\theta} = \frac{a}{V} - \frac{d\sum Rr}{d\theta}$$

此时，位力几乎与温度无关，因此最后一项几乎消失。位力不会完全与温度无关，因为如果温度（也就是分子速度的平方）降低的话，压力也会相应降低，那么为了让体积保持恒定，分子间施加作用力的时间就变长了，于是离得最近的分子会贴得更近，接近的时间也更长，于是位力一般来说会随着温度的降低而增加。那么，阿马伽的实验的确说明了这种极其细微的作用，至少在体积不是太小的时候。不过，通过假定"恒定体积下的扩张系数"完全由第一项 a/V 组成，这些观察结果得到了令人满意的解释。因而，阿马伽的实验使我们确定了 a 的值，并因此计算出了位力，我们发现碳酸气体的位力与 $V^{0.9}$ 成反比变化。于是，我们就得出了一个满足范德华方程的近似值。但是，阿马伽实验最有趣的结果（至少对我们的目的而言）是：a 这个量尽管在任何一个体积下几乎是恒定的，但也会因为体积的变化而有很大的不同，当体积减小 5 倍时，a 这个量几乎会变为原来的 2 倍。这只能表明：在给定的温度下，一定量气体的平均动能越大，气体被压缩得就越厉害。但是，力学定律似乎表明：一个运动粒子的平均动能在任何给定的温度下都是恒定的。那么，唯一不矛盾的说法是假定一个运动粒子的平均质量在气体压缩的时候会减小。换句话说，许多分子被离解或者分解成原子或亚分子。乍一看，物理学家们会认为，体积的减小应该会促成离解这一观念是与一切经验相违背的。但是，一定要记住：我们所谈及的环境（处于50个或更多大气压下）也是不寻常的。"体积恒定情况下的扩张系数"在乘以体积时应该会随着体积的减小而增大，这个扩张系数也与普通的经验完全相悖。然而，在所有气体处于很大的压力时，这种情况的确发生了。此外，阿列纽斯的学说[1]如今被普遍接受：电解质的分子电导率与离子的离解成正比。那么，熔融电解质的分子电导率通常要高于溶液的分子电导率。这就是一种情况：体积的减小伴随着离解的增强。

事实上，几种不同的离解必须被区分开来。

首先，有化学分子的离解：在常规的化学原理作用下，离解形成多个化学分子。这可能是一种复分解，因为氢碘酸离解的式子是：

$$HI + HI = HH + II$$

---

[1] 1857年，克劳修斯曾预测了这一现象；1851年，威廉姆森也预测过。

也可能是简单分解,如氯化磷:

$$PCl_5 = PCl_3 + ClCl$$

依据热化学定律,这些离解都要求温度增加。

其次,还有物理聚合分子的离解,也就是因物理吸引力结合在一起的几个化学分子的离解。我倾向于假定这种离解是固体和液体在加热过程中会普遍伴随发生的。因为在这些物体内部,随着温度的升高,压缩性的增大远小于膨胀性的增大。

最后,还有我们现在所关注的离解:必须假定是不饱和亚分子或原子从分子中的一种脱离。就像我说过的,分子可以被比作一个太阳系。同样,分子会干扰相互的内部运动,这样,一个"行星",也就是亚分子将偶尔脱离轨道并四处徘徊,直到它发现另一个可与其结合的不饱和亚分子。这种由干扰带来的离解自然是因分子互相之间接近而促成的。

现在,我们来考虑一种或者说一类特殊的物质,它的特性构成了植物学和动物学的主要研究对象,就像硅酸盐的特性是矿物学的首要研究主题一样。我指的是生命黏质物或者原生质。让我们先将这些黏质物的普遍特征进行分类。它们一概是以两种聚集状态存在的:固体或接近固体状态,以及液体或接近液体状态,但是它们不能通过普通的熔化从前者变为后者。它们可被高温轻易分解，尤其是在液体状态下；它们也不能承受低温。它们所有最重要的活动都是在比分解点温度低一点的温度下进行的。这种极端的不稳定性是证明原生质的化学复杂性的很多事实之一。所有化学家都会同意：原生质比蛋白要复杂多了。蛋白的每个分子估计包含大约一千个原子，因此自然而然可以假定原生质包含有几千个原子。我们知道，虽然原生质主要是由氧、氢、碳和氮组成的，但是很多其他微量元素也进入了有机体中。很可能这些元素中的大部分进入了原生质的成分中。因此，既然化学种类的数量随着每个分子中原子数量的变化在急速增长，那么当然会有无数的物质，其分子包含有20个原子或者更少，我们完全可以假定原生质物质的数量加起来有数十亿或者数万亿。凯莱教授给出了一个"树状图"的数学理论，这一观点在某种程度上解释了这类疑问，这样看来，数万亿数量的估计似乎都有些过于保守了。生物学家确实提出并捍卫过一个观点，即只有一种原生质，但他们自己的观察资料几乎推翻了这一假设。从化学角度来看，这一假设似乎完全不可信。化学家的预期毫无疑问将会是：拥有原生质特征的各种十分不同的化学物质，或许不仅能够解释神经黏质物与肌肉黏质物之间、鲸鱼黏质物与狮子黏质物之间的差别，还能解释物种和个体间的普遍变化。

概括地讲，原生质在静止状态下是固体，但是当其以某种方式被干扰时，或者有时甚至在没有外部干扰的情况下自发运动时，它就会变成液体。处于这种状态下的一个无核原生质团，在显微镜下能够被观察到内部黏质物会因重力作用而慢慢地流动。液化开始于干扰点，并扩散到整个物质团中。不过，这种扩散在方向上并不是统一的；恰恰相反，在同质团内的扩散一会儿是这个方向，一会儿又是另外一个方向，变幻不定。干扰的原因被消除时，这些运动会逐渐停止（高等物种的原生质会快速停止），黏质物回归到固体状态。

原生质的液化伴随着一种力学现象。也就是说，一些种类的原生质会呈现出向球形发展的倾向。这种现象尤其会伴随着肌肉细胞发生。主流观点是，肌肉细胞的收缩是由于渗透压。这一观点建立在整个科学史上都堪称精妙的实验结果之上，也必须被承认是一方面因素。但是，对我而言，它对肌肉收缩现象的解释似乎并不令人满意，除此之外，甚至连裸露的黏质物也经常出现同样的现象。在这种情况下，我们似乎发现了表面张力的增大。在某些情况下，反作用力会产生，非常奇特的伪足被放出，似乎有几处的表面张力减小了。事实上，这样一种黏质物常常存在一种表皮，无疑是由于表面张力引起的；而在伪足出现的时候，表面张力似乎就不复存在了。

第二部分 爱与偶然

长时间延续或经常重复的原生质液化会导致固体状态顽固地保持，我们称其为"疲劳"。另外，静止在这种状态下（如果没有过分延长）会恢复液化能力。这些都是重要的机能。

并且，这种生命黏质物拥有独特的生长特性。晶体也会生长，不过仅限于从周围的液体中吸引和它们一样的物质。如果认为原生质的生长也是同样的性质，那便相当于假定原生质会在溶有大量食物的液体中自发生长。当然，必须承认原生质只是一种化学物质，而关于它为何不像其他化学物质一样以合成的方法构成，目前还没有什么理由给出。事实上，克里福特已经明确表明：我们有压倒性的证据证明原生质会如此形成。但是，要说这种构成像食物的吸收一样有规律而且普遍，就完全是另外一个问题了。假定在既有原生质的影响下，被吸收的原生质是在吸收的瞬间形成的，这更符合观察的事实。因为生长中的每一个黏质物都神奇而忠实地保留了原本的特征，神经黏质物增加神经黏质物，肌肉黏质物增加肌肉黏质物，狮子黏质物增加狮子黏质物，所有的物种变化，甚至于独有的特征都在生长中被保留下来。假定有数十亿种不同种类的原生质游荡在有食物的任何地方，这似乎也立不住脚。

原生质的频繁液化增强了吸收食物的力量。事实上，对于其是否是以固体形式支配这一力量，依然值得怀疑。

生命黏质物一边排出废物一边生长，并且这并非只在液体状态下才会发生。

  与生长紧密相关的是繁殖，尽管在高等形式下，这是一种专门的功能，但人们普遍认为：无论哪里有原生质，都会有或者一直有在分离的有机体内繁殖同种原生质的力量。繁殖似乎包含了两性的结合，但是并不能证明这始终都是必要的。

  原生质的另一种物理性质是能够形成习惯，因此曾经发生的液化作用扩散过程会导致未来有可能再次发生，虽然并不能绝对保证遵循同样的路径。

  当然，原生质的这些性质已经极不寻常，而又不容置疑。而接下来要提到的内容，虽然也是不容置疑的，但还要更为神奇得多。这就是：原生质有感觉。我们还没有直接证据表明所有的原生质都是如此，且某些种类的原生质比其他种类的原生质有更多的感觉。但是，我们通过类比推理能够得出合理的结论：所有的原生质都有感觉。它们不仅有感觉，还能行使一切心智的机能。

  这就是原生质的性质。问题是怎样能找到产生所有这些性质的化合物的分子构成假说。

  其中一些性质明显是由于原生质细胞构成的高度复杂。所有复杂的物质都是不稳定的。由几千个原子组成的分子显然能以许多种方式分成两个部分，每个部分的极性化学力接近于饱和。在固态原生质中，正如在其他固体中一样，分子必须按照轨道运动，至少不能毫无规律地漂移。但是，这种固体不能融化，就像淀粉不能融化的道理一样。因为一定的热量不足以使所有的分子漂移，但足以完全拆开分子，并使其形成新的更简单的分子。然而，如果有一个分子受到干扰，即使起初并没有使其偏离轨道，但也许几百个原子组成的亚分子也会脱离轨道。它们很快会获得其他亚分子的同等的平均动能，并由此获得几倍高的速度。它们会自然地开始游移，并且在游移的过程中扰乱许多其他分子，反过来还导致这些分子像最初被扰乱的分子那样游移。所以许多分子会因此被分解，即使是那些保持完整的分子，也会脱离轨道而自由移动。现代化学家通常把这看作液体的常态，因为在所有电解液中都有明显的解离现象。

但是，这个过程必然会让物质降温，不只是因为化合作用产生的热量，更大程度上是因为分离粒子数显著增加，平均动能必然降低。该物质的导热性很差，热量并不会被立即存储。现在粒子的运动速度减缓，粒子之间的引力有更多的时间发挥作用，并且接近平衡状态。但是，粒子之间的动态平衡是在固体状态恢复的过程中产生的，因此只有在没有继续受到干扰的情况下才会平衡。

物体处于固体状态时，其大多数分子必须以同等速度移动，或至少以某种固定的一系列速度移动，否则不能保持轨道式移动。相邻分子的距离必须总是保持在某个上下极值之间。但是如果在不吸热的情况下，物体突然进入液体状态，则相邻分子的距离分布将变得非常不均匀，并随之产生一种位力作用。此外还必须考虑原生质液化的降温影响。正常的影响必然包括增加内聚力，表面张力也会随之增加。因此细胞群会倾向于合拢。但在特殊情况下，位力作用增加太多，导致在温度首先恢复的时刻表面张力减小。在那种情况下外膜会塌落，其他地方的张力会补充进来，导致整体液体在那些时刻会涌出，形成细胞延伸物（伪足）。

当原生质处于液体状态时，只有食物溶液能够渗入细胞群。然后原生质会明显地离解，食物也会离解，正如所有溶解物一样。如果被分离的不饱和食物亚分子恰好与原生质的亚分子属于同一种化学物类，那么它们可能与原生质的其他亚分子结合，形成新的分子。通过这种方式，当恢复到固体状态时，原生质分子数可能会高于最初的分子数。打个比方，这就像是折叠刀的刀片和刀把，一开始找不到了，于是就分别替换成了新的，但后来又找到了，最后这些组合成一把新的刀子。

我们已经明白了，原生质会在液化中降温，而当热量恢复时又会恢复到固态。在神经黏液甚至肌肉黏液中，这一系列作用必须非常迅速地发生，并且可能造成其活动的不稳定或振动。当然，如果发生吸收作用就会产生化合热，虽然很可能微不足道。另外，如果神经或肌肉做了功，必然会发生能量的损耗。在肌肉做功的情况下，瞬时疲劳发生的模式很容易被发现。如果肌肉在压力下收缩，其收缩程度将小于没有压力时的收缩程度，并发生热量损失。这就像是一种发动机，通过在水中溶解盐分来工作，并且利用溶解过程中的收缩来举起重物，之后会通过蒸馏来恢复盐分。但是，大部分疲劳与力学关系无关。一个人必须努力做功15分钟，才能吸收体内足够多的热量，使体温降低1℃。与此同时，他会受热，散发额外的氧化产物、汗液等，微血管中血液流速会加快，消耗极大。他可能只是安静地坐在书桌旁写字，并没有进行体力劳动，但是几个小时后却会觉得筋疲力尽。这似乎是由于神经黏液被扰乱的亚分子没有时间回归到其适当的排列中。当这些亚分子被抛出时（这种情况必然时常发生），会造成大量的物质浪费。为了稳定地、彻底地将食物亚分子同化入原生质的解离分子，不仅化学成分要完全正确，而且必须在正确的时间出现在正确的地点，以正确的方向和正确的速度移动。如果没有满足上述条件，它会比分子的其他部分更松散；并且，每次当它再次遇到被吸收的情况时，相对于分子的其他部分和足够接近该作用因素的其他部分而言，这种食物亚分子会特别容易再次被抛出。因此，如果原生质多次发生部分液化，并且程度相近，则每次被抛出的分子很可能是之前被吸入的分子。这些分子被抛出时的位置、运动方向和速度都与之前被吸入时的位置、运动方向和速度相近。

如何形成清晰的观点

路线也与被抛出前的接近,但并非完全一致。这是由于它们之所以轻易被抛出,正在于没有完全满足保持稳定的条件。因此,究其原因是惯性法则及其行动不精确符合的特殊性质。

在我看来,这种对于习惯的解释,抛开是真是假的问题不谈,一定的价值在于使我们为数不多的、类同习惯的机械运动的例子有所增加。据我所知的所有其他例子,要么只是数据性的,要么所包含的力学研究只考虑了合理的运动,违反了能量法则。好比消耗河床的水流,在该情况下,沙子会被冲到最稳定的状态,并留在那里。而能量法则禁止这种情况,因为任何物质在达到稳定均衡的状态时,其动能会达到最大值,所以根据这种法则,只有在不稳定状态下才能保持静止。在所有的数据学图例中也是如此,物质被带入某种状态,然后保持这种状态。一件衣服被折叠后会保持折叠的状态,也就是说超出了它的弹性范围。无法弹回也是另一种明显违反能量法则的例子。因为物质不仅无法自动弹回(可能是由于达到了不稳定的均衡),而且甚至在被施加冲量时也无法做到。相应地,詹姆斯教授说:"这种习惯现象……是由于……材料的可塑性。"现在,材料的可塑性意味着弹性限度的降低。[1]但是,这里提出的原生质构造假说不包括力学分析,只包括严格依照能量法则的引力和斥力分析。其中的行

---

1 参见《世纪词典》的"固体"词条。

动,即原子被从分子内部的轨道抛出,以及新原子进入相近但不完全相同的轨道,类似于分子在超出其弹性限度的受应变力作用的固体。也就是说,在那种情况下,某些分子必须被抛出自身的轨道,并在进入新轨道后不久恢复稳定状态。简而言之,与原生质相近,可塑性固体能够在轻微的机械力作用下被暂时地部分液化。但是,固体定型与习惯形成之间的相似度并不高,后者的特质包括不完全精确和不完全确定,这即使在前者中也存在着,只是体现得不太明显。

事实上,虽然习惯的分子学解释在数学上非常模糊,但是毫无疑问,具有极性力的原子体系在实质上会依照该方式作用;这种解释相当令人满意,几乎站到了偶成论的对立面。我们很可能得出这样的结论:既然习惯现象可能来自纯机械排列,就没有必要认为形成习惯是宇宙的根本原则。但是,有一个事实仍然是机械论没有解释的,这不仅涉及习惯的事实,也涉及所有表面上违反能量定律的情况。所有这些现象都依赖于在同一条件和邻域下的数万亿分子的集合体,并且现在还不清楚这些分子是如何被任何保守力汇合到同一地点和状态下并保持下去的。但是,假定机械学的解释完美无缺,那么该理论所提出的物质状态就证明了一种形成习惯的根本趋势,因为这说明了相似物质的行动方式也是相似的,并且其原因就是相似性本身。现在,那些坚持必然论信

如何形成清晰的观点

条的人们大部分会坚持物理世界是完全由个体构成的，而法则包括了普遍性的元素。虽然说这种普遍性是根本的，但是普遍化并不是根本的。正如说多样性是根本的，但是多样化不是根本的。这样说是逻辑上的本末倒置。无论如何，明显只有习惯原则是跨越无序偶然混合状态和秩序法则世界的唯一桥梁，而它本身也是由趋向于形成习惯的无穷小的、偶然性的习惯中生发出来的。

我不会试图从分子的角度解释繁殖现象，因为那需要若干辅助假说，与主旨无关。这种现象虽然广泛存在于宇宙中，但似乎依赖特殊条件，并且我们并没有发现所有原生质都有繁殖力。

但是，应当怎样看待感觉的属性呢？如果意识属于所有的原生质，那么是依赖哪种机械构成呢？黏液只是一种化合物而已。在实验室中，通过化学元素合成这种黏液并非根本不可能。如果以这种方式合成黏液，它会表现出天然黏液的所有性质。那么，毫无疑问，它有感觉能力。如果不敢于承认这一点，那未免过于天真。这种感觉是由什么分子排列元素引起的呢？这个问题是我们不能回避也不能轻视的。原生质当然有感觉，除非我们接受弱二元论，否则这个性质一定来自机械系统的某些歧异。但是，倘若试图从力学三大定律中推导，把定律应用到如此精巧绝伦的机制上，显然会一无所获。除非我们承认物理事件只是心理事件的退化形式或不发达形式，否则我们永远都无法解释。但是，一旦承认物质现象只是由于习惯对头脑有明显的、完全的影响，那么就只需要解释为什么在原生质中，这些习惯在某种微弱程度上会被破坏。根据心理法则，在有时被称为"调节原则"[1]的特殊条件下，感觉会变得强烈。习惯通常会被这种方式打破。反应往往在刺激因素消除时结束，因为只要刺激因素存在，兴奋就会继续。相应地，习惯是一般的行为方式，与刺激因素的消除有关。但是，当本应被消除的刺激因素没有消除时，兴奋会继续并且增强，非习惯反应将发生，并倾向于削弱习惯。于是，我们认为事物从来都不能完全准确地遵循其理想法则，但是既然有脱离常规的意外情况发生，一般产生的影响不会很强。但是，原生质处于极度不稳定的状态，它的特点就是不稳定的均衡。在这个平衡点附近，即使是非常微小的起因也可能导致非常巨大的影响。那么，在这种情况下，常见的脱离常规情况之后会产生很明显的非常规现象，由此产生的违背法则的较大偶然现象会进一步破坏法则，前提是它们也具有习惯的性质。现在，根据心理法则，这种习惯的打破和变化的偶然自发性将会伴随着感觉的增强。毫无疑问，神经原生质具有所有物质中最不稳定的状态，因此产生的

---

[1] 参见鲍德温的《心理学》(*Psychology*)第三部分第一章第五节。"从心理学的角度来讲……调节意味着打破习惯……从心理学的角度来讲，这意味着意识的复活。"

感觉也是最为明显的。

由此我们可以看出，唯心主义者没有必要害怕生命的机械理论。相反，这种成熟的理论必然会把偶成唯心论作为其不可或缺的辅助成分。只要有偶然自发性的地方，就会有同样比例的感觉存在。事实上，偶然只是其自身内部感觉的外在表现。我在很久以前就已经说明过，真正的存在，或者说物性（thing-ness），存在于规律中。所以，在没有规律性的原始混沌状态下，从物理角度来讲是没有事物存在的。但也不是完全空白的。因为与我们的感觉相比，有一定强度的意识存在，只是一两个分子努力摆脱一点法则的力量，最终也会形成无尽的、无数的多样性偶然。

但是，当一些原生质原子因此突破法则，得到部分解放之后，接下来会发生什么呢？为了理解这一点，我们不能忘记，在所有的心理趋势中，形成习惯的趋势是最容易受到习惯行动的强化的。现在，尤其在较高级种类的原生质中，上述原子不仅长时间属于一个分子，或由其组成的某种黏液的特殊细胞群。但在此之前，这些原子是一种原生质构造的食物成分。在所有这些时间里，上述原子倾向于丢掉习惯和恢复习惯。所以，既然现在刺激因素已经被消除，则先前的习惯倾向于恢复，在该情况下原子会高速运动。确实，这种回归是如此迅速，以至于只有感觉能最终表现出结合力法则效力的减弱。

概括来讲，多样化是偶然自发性的表现。只要多样性增强，偶然必然在起作用。从另一方面来讲，只要统一性增强，则习惯必然在起作用。但是，只要行动是在已经确立的统一性下发生，那么有许多感觉会依照反应感知的模式。我正是用这种方式来定义意识的基本元素及其物理对应物之间的关系的。

我们仍需要考虑一般概念的物理关系。我在此处要回顾一点：如果物质只是作为心智的分化而存在，那么，只有物质本身才能依据法则对物质发生作用。但是，所有的心智都直接或间接地与所有物质相关，并且以接近常规的方式行动，所以，一切心智都或多或少地带有物质性质。因此，我们不应错误地认为物质的心理和物理是截然不同的两方面。从外部看待一个事物，考虑其行为关系以及与其他事物之间的反应，它就会呈现出物质的表象。从内部来看，把它的直接性质看作感觉，那么它就会呈现出意识的表象。这两种观点是可以结合在一起的，前提是我们记得机械定律只是与获得习惯有关，就像头脑的所有规律性一样，包括形成习惯的趋势，并且这种习惯行动可以概括为一般化，而一般化就是感觉的扩散。但问题在于，一般概念在原生质分子理论中是怎样出现的呢？

习惯的意识包括一般概念。在每个习惯行动中，某些原子被抛出轨道，由其他原子取而代之。在各种各样的情况下，会有不同的原子被抛出,但这是从物理观点的角度做出的类比,还有另一种从内在出发的类比。每次相关的感觉重现时,我们或多或少会有一种感觉:它是另外的东西,它具有一般的性质,这种一般性质是关于什么的。我认为,我们不应当认为原生质习惯从来不用上述特殊方式以外的其他方式行动。相反,如果习惯是心智的主要性质,在物质中习惯也应当如此,就像一种心智一样。我们几乎必须承认,只要偶然运动具有一般性质,就有一种趋势,即这种一般性会扩散并自我完善。在那种情况下,一般概念是一种意识的变更,拥有偶然行动的一切规律性或一般关系。

一般概念的意识包含某种"自我统一性",当其在头脑之间传递时是一致的。因此,这与人很相似,其实人只是一般概念的一种特别形式。很久以前,在《思辨哲学杂志》(*Journal of Speculative Philosophy*,第二卷,第 156 页)中,我指出,人只是包含一般概念的符号。但是我当时的观点过于偏向唯名论,没有看出每个一般概念都具有人的统一生命感受。

在这种理论中,人的存在唯一必需的就是构建人的感觉应当与相互影响之间有足够紧密的联系。现在我们能得出一种可以接受实验验证的结论。这个结论是:如果情况果真如我所说,那么在亲密且有强烈共鸣交流的人体之间就会产生某种类似个人意识的东西。当感觉的一般化已经如此深入,囊括了一个人的全部内

第二部分 爱与偶然

在时,从某种意义上讲就达到了驻点,进一步的一般化的活跃度会降低。但是,我们不能认为一般化会停滞。集体精神、民族情感、同理心都不只是隐喻。没有任何人能充分意识到什么是集体精神,就像我们的大脑细胞不能充分理解整个大脑的想法一样。但是,心理法则清楚地指出了这种人格的存在,并且有许多平常观察的现象,如果审慎研究,并加以特殊实验辅助,便可以证明这种更伟大的人对于个体的影响。初看起来,这是大有希望的。我们通常会注意到,有时五六个陌生人会认可一种同样的想法,并表现出同样的奇怪行为,不论是物理实验、犯罪或善行。当基督教勉励会的三万年轻成员们聚集在纽约时,我似乎感到了某种神奇的美好与光明的传播。这种事情最适合发生的地点是教堂。基督徒总是不惜牺牲生命,为了共同祈祷,为了汇聚一堂,为了同心祝愿,尤其是为了他们的共同集体,为了作为他们身体的基督教会,为了"教会在地上的坚兵的国",就像一部弥撒书中所说的那样。许多个世纪以来,他们已经在各个地点保持这种每周一次的聚会。当然,在教会中,在这"基督的新娘"中应当已经孕育出了一种人格,否则在心智行动中会出现不自然的断裂。我不得不承认,我的观点受到了很多误解。心理学的研究者们,你们研究的对象难道不应该正是这种集体人格,而非心灵感应之类根据此理论要薄弱得多的现象吗?

第五篇　演化的爱[1]

反"福音"书

哲学，刚刚脱离了神秘主义的金色蛹壳，宣称宇宙的伟大演化力量是"爱"。英语这种语言里缺少恰当的词汇，那么我们不妨用 Eros 这个词吧，Eros 是指生机之爱。后来，恩培多克勒把爱与恨视为宇宙的两大协调力量。在某些段落中，他用的是"善"这个词。但是毫无疑问，只要爱是有对立面的，那么它的最高成就便是与对立面相伴，同时超越它。但是，这位本体论的传播者认为，存在一种"至高的一"，万物都是从无中由它化生而来的，而这个"一"是怀着爱的。类似的话题在当时很常见。那么，仇恨又该怎样描述呢？没关系，这时可以用《启示录》的说法：如果他是约翰，长期受迫害之苦，在愤怒中无法区分邪恶的暗示与天堂的愿景，于是向凡人诋毁上帝的荣光。问题在于，心智正常

---

[1] 参见 1893 年 1 月《一元论者》。

情况下的约翰是怎样想的,或者应当怎样想,才是他实现思想统一性的途径?他所说的上帝是爱,似乎针对的是《传道书》的说法,《传道书》中说我们无法分辨上帝对我们是爱还是恨。约翰说:"不,我们能分辨,而且可以很简单地分辨出来!我们知晓并且信赖上帝对我们的爱。上帝是爱。"这其中并没有逻辑,除非这意味着上帝爱所有人。在之前的段落中,他说:"光照在黑暗里,黑暗却不接受光。"那么我们应当明白,黑暗只是缺少光的表现,所以仇恨和邪恶只是爱和善的不完美阶段。这符合《约翰福音》中的话:"神差他的儿子降世,不是要定世人的罪,乃是叫世人因他得救。信他的人,不被定罪。不信的人,罪已经定了……光来到世间,世人因自己的行为是恶的,不爱光倒爱黑暗,定他们的罪就在于此。"也就是说,上帝对于他们没有惩罚。他们是自己惩罚自己,因为他们天生倾向于不完美。所以,上帝所代表的爱并不是与仇恨相反的爱,否则撒旦会作为一种协调力量而存在。上帝所代表的爱,是能够接纳仇恨,是把仇恨作为爱的不完美阶段来接纳的,是一种"反爱"(Anteros)安忒洛斯——是的,甚至需要把仇恨和憎恶作为爱的对象。因为自爱不是爱,所以如果上帝本身是爱,他爱的一定是欠缺爱的对象,就像光源只能照亮原本是黑暗的地方。斯威登堡主义者亨利·詹姆斯说:"毫无疑问,那些容忍相当有限的爱或生物的爱,是爱与自己相似的对象，爱符合自己的对象；但是造物主的爱与此形成了鲜明的对比，所有爱的温柔必须只留给那些本质上对他最充满敌意、与之相反的对象。"出自《物质与阴影：关于造物物理学的随笔》(*Substance and Shadow: an Essay on the Physics of Creation*)。很遗憾，亨利本可以在文章中继续这种论述，但他并没有那么做，相反却对读者和所有人横加指责，直到人们几乎忘了造物物理学的存在。但是，我必须从我刚才写的话推导出结论：显然，就算一个人是天才，他也不可能把每句话都说得崇高得不得了，更不可能把话说到能够揭示如何一劳永逸地解决世间一切邪恶的崇高程度。

爱是循环的，驱动爱的正是让万物独立又和谐统一的力量。虽然似乎听起来复杂，但实际上这充分总结了我们所说的"黄金法则"，也就是"己所不欲，勿施于人"的简单法则。当然，这并不意味着要尽一切可能满足他人的自私欲求，而是要牺牲自我的完美来实现邻人的完美。我们也不必按照边沁、赫尔维西亚或贝卡里亚的箴言行动：让行动符合最大多数人的最大利益。爱并不是针对抽象概念，而是针对人，不是针对陌生人或作为数字的人，而是针对我们自己亲爱的人、我们的家人、我们的邻人。我们要记得，我们的"邻人"指的是靠近我们生活的人，并不一定是地点的接近，也可能是生活或感觉的接近。

所有人都能看出约翰的论述是一条演化哲学的公式，提出完善只能是源于爱，源于——我不会说是自我牺牲，而是——一种想要满足另一人的最高、最热切的冲动。举个例子，我有一个自己感兴趣的想法，这是我的创造，这是属于我的创造物；正如我给去年7月号的《一元论者》杂志撰写的文章中所说，这就像是一个小人，我爱它，并且全心全意完善它。我完善的方式并不是冷漠地判断它，而是珍惜并照顾它，就像对待园中的花朵一样。我们从《约翰福音》中得出的哲学观就是，这就是心智完善的方式；宇宙——作为一种心智也是如此；生命演化的力量亦然。爱，在恨中发现美好的萌芽，逐渐把它温暖到生命中，并使它变得可爱起来。这种演化是每一位研读我的《心智的规律》（The Law of Mind）的人都应当理解的，前提是明白连续性原则（synechism）的要求。

19世纪行将结束，而我们都要开始审视这个世纪，并且思考在未来的历史学家的头脑中，这个世纪与其他世纪相比必然具有哪种特性。我猜，这种特性应当称为"经济学世纪"，因为与其他学科相比，政治经济学不仅与自己的各个分支有着紧密联系，对其他学科也发挥了重大影响。当然，政治经济学也有自己的拯救公式。这就是：服务于贪婪的智慧确保了人与人之间所有的交易价格最公正、合同最公平、行为最明智，同时还带来至善、充分的食物和舒适。食物是给谁的呢？给贪婪的拥有智慧的人。我的意思并不是说这是政治经济学的合理结论，我完全认同其科学性质。但是，对本身正确的观念的研究往往会暂时地走向错误的极端，就像物理学研究刺激了必然论的诞生一样。那么，我的意思是：这个世纪我们对经济学问题的强烈关注已经导致对于贪婪具有益处的夸大，以及对于感情带来不幸的夸大，甚至由此产生了一种不明智的哲学，认为贪婪是人类完善和宇宙演化的巨大动力。

翻开一本政治经济学手册——我手中最典型的一本，不甚高妙也并非低劣——就其中的一些话语，我将在此进行简要分析。我跳过了自谦之词，讨好官员、安抚基督教偏见的语句，还有那些为了向作者和读者隐藏贪婪之神的、露骨丑陋的陷阱。但是，我还是整理了自己的立场。其中，作者列举了人类行为的三大动力：

对自己的爱；

对于与自身有共同利益和感情的有限的阶级的爱；

对于人类整体的爱。

首先，注意作者对于贪婪采用了多么美化的说法——"对自己的爱。"爱！第二项动机"是"爱。如果把"有限的阶级"换成"某些人"，那么这种描述就是合理的。如果我们按照以前的看法来理解"阶级"，也就是 class 这个词的话，那么其中也算有一点爱的成分。所以,这种动机的界定有点模糊。"对于人类整体的爱",作者的含义并不是那种名副其实的深层的潜意识的热爱;而只是公共精神,可能只是政治宣传的另一种表达。作者对于这些动机的价值进行了比较估计。他说,"贪婪"当然是用另外一个词表达的,"并非如通常所认为的那样邪恶……每个人在促进自身福利时,都要比促进其他人的福利,或者由其他人来促进他的福利效率来得更高"。此外,作者在另一页上还写道,一个人越是吝啬,他就越会做更多好事。第二项动机"是社会面临的最危险的一个动机"。爱都是非常美好的——"没有比爱更高或更纯粹的人类幸福的源泉。"(哈哈!)但爱是"持久伤害的来源",并且简单来说,应当被更明智的动机统治。而什么是更明智的动机呢?请继续看。

关于公共精神,作者说它"难以有效运行",因此效力很低。例如,公共精神可能建议监管穷人和恶人的生育;并且对于犯罪分子,"任何严厉的压迫措施都不为过"。我们能从中得出很宽泛的推论。但不幸的是,我们无法让立法机构采取这种措施,因为有害于"人对于人的温柔感情"。由此看来,公共精神或边沁主义并没有强大到足以有效指导爱的程度(现在我跳到了另一页)。因此,必须将指导爱的任务交给"驱使人追求财富的动机",我

如何形成清晰的观点

们只能信赖于此,并且这"具有最高的益处"[1]。是的,毫无例外,这将在"最高程度"有益于那些得到好处的人,也就是自己,这是"唯一目标",作者说积累财富是他个人的"生计和乐趣"。作者显然认为,其他的动机可能带来更大程度的益处——哪怕是对他自己的益处——这种思想是矛盾的,说不通的。接着,他牵强地解释和修正了他的信条。但是,敏锐的读者都看得出他的动机原则是什么。并且,他怀着我刚才复述过的观点,同时还认为如果没有聪明的贪婪作为基础,社会就不会存在。他想在不可调和的多个观点之间达成一种折中,在贪欲里加上一点神性。

有些人提出,这种鼓吹贪婪妄为的观念是在散播恐惧,于是便被经济学家们谴责为"感伤主义"。或许确实如此吧——我愿意承认自己内心有某种程度的感伤主义,感谢上帝!自从法国大革命让这种思想倾向声名狼藉之后——这并非完全不当,我不得不承认,真善美是真正的动力所在——我们惯于把感伤主义者描述成没有逻辑思维能力、不愿意承认现实的人。与之类似的传统偏见还有:法国人认为英国人每隔一句话就说一遍"该死的",英国人认为美国人爱说"英国佬",美国人认为法国人把礼仪形式发挥到了极度不便的程度。总而言之,上述传统偏见之所以存

---

[1] 如果他对科学还有半点敬畏的话,怎么能把政治经济学的科学原理——它与"益处"毫无关系——与如此庸俗的总结混为一谈呢?

在，只是因为去听、去看真实情况的人太少，太多的人只是以讹传讹。毫无疑问，这里的一些借口针对的是过去的观点。而感伤主义，如果是每晚泪流满面地观看烛光舞台上的悲剧演出，作为一种流行的娱乐方式，有时确实会比较荒唐。但是，感伤主义究竟是什么呢？这是一种主义、一种信条，它说的是应当充分尊重敏感内心的自然判断。这才是对感伤主义的准确概括。而我恳请读者想一想，蔑视这种观点难道不是所有亵渎中最可怕的一种吗？而19世纪已经坚定地蔑视了这一点，因为它带来了恐怖统治。事实确实如此。但整个问题仍然在于"多大程度上"。恐怖统治是非常糟糕的，但是这个世纪以来长久存在的艰难时期，如举起大旗般挑战天堂，这种傲慢激起了上苍的皱眉和抱怨。不久，电闪雷鸣会让经济学家们不再自满。那就太晚了。在20世纪的后半叶，必然会出现社会秩序的洪水风暴——清除这个世界长久以来被贪婪理念拖入罪行后产生的废墟。到那时就没有热月政变后的胡闹了！

这位作者说，吝啬者是社会的有益力量，果真如此吗？正是出于同样的理由，只有在更高的层面上，你才可能会说那些华尔街的聪明人是善良的天使，他们从那些粗心的、没有适当看护钱财的人们那里拿走钱财，他们摧毁那些容易破产的脆弱企业，他们把大量的教训带给那些不够警惕的学术人士，给他们设置毫无意义的阻碍——正如你之前对待我的做法一样,我的百万富翁"主人",当你以为能以无偿的方式利用我的思想方法,仿佛这样就可以向孩子们吹嘘父亲的成就——千方百计让钱为聪明的贪婪者服务,也就是为他自己服务。伯纳德·曼德维尔在《蜜蜂的寓言》(*Fable of the Bees*)中说,各种私恶都有公益,证明的方式与上面那位经济学家证明关于吝啬者的观点一样看似贴切。他甚至轻易地得出结论,说如果没有恶,就不会有文明存在。根据同样的精神,直到今天仍有人强烈支持并且广泛相信,所有的慈善行为——不论是私人的还是公共的——都会带来人类的堕落。

达尔文的《物种起源》(*Origin of Species*)只是把政治经济进程的观点延伸到了整个动植物生命领域。当代的大部分博物学家认为,那些令人称奇的、精美的自然适应之所以会产生,是因为生物的环境过分拥挤,于是偶然拥有了微弱优势的生物,就可以迫使其他生物处于不利于繁殖的境地,甚至在后者达到生育年龄之前就将其杀掉。在我小的时候,人们曾大力赞扬其中彰显的主的智慧。在动物界,这种纯粹的机械个体主义被认为是"由贪婪带来的善"。正如达尔文在标题页上所写的:"这是为了生存的斗争。"他还应该加上一句:"万物为己,魔鬼在后!"耶稣在"登山宝训"中可不是这样说的。

现在我就要开始讲了。耶稣基督的"福音"认为,进步来自每个个体依靠同感把自己的个性与邻者的个性融合。与此相对，19世纪的人们坚信，进步在于每个个体为自己全力相争，只要有机会就把邻者踩在脚下。"贪婪福音"这个词堪称贴切。

双方各执一词。我没有隐藏，也无法隐藏自己的情感偏向。这种坦言很可能会震惊我的科学界同胞。但是我认为，强烈的情感本身说明了支持演化的神爱论——只要这可以被推定为表示了敏感内心的正常判断。当然了，如果相信有"不带激情"的神爱论信仰的话，那这本身就构成了对信条的反对。无论如何，既然热情的感觉存在，在任何情况下都应当诚恳地表达；尤其是考虑到我的偏爱给了我一种责任，对此我的读者们和我应当各自警惕。

和平的提议

让我们试图定义不同演化理论的逻辑相似点。在达尔文设想的自然选择论中，从原核生物到人的整个过程中，唯一的积极促变因素是偶然变异。为了确保有明确的进步方向，接下来必须有行动阻碍某些种类的繁殖，或刺激其他种类的繁殖。在自然选择中，严格来讲是淘汰弱者。在性的选择中，主要是美的吸引。

《物种起源》一书出版于1859年末。1846年到1859年是大量著作涌现的时代——或者说这种扩展涵盖了我们眼中的著作。

在整个科学史上,从未有哪个相等长度的年代出现过如此丰富的著作。现代物理学基石之一的"偶然产生秩序"学说(虽然卡鲁斯博士认为这是"皮尔士系统中的最大弱点")正是在当时得到了最清晰的阐释。凯特勒在《关于道德政治科学方面的概率应用的通信》(*Letters on the Application of Probabilities to the Moral and Political Sciences*)中展开了讨论,该作品对于当时的顶尖学者产生了深刻的影响,约翰·赫歇尔爵士在英国引起了大众对此的关注。1857年,巴克尔的《文明史》(*History of Civilisation*)第一卷引起了非常大的轰动,因为他也采用了同样的观点。与此同时,"统计学方法"——我在自己的著作中也是用了这个术语——已经应用于分子物理学,并取得了巨大成功。英国化学家约翰·赫勒帕思博士于1847年在自己的《数学物理学》(*Mathematical Physics*)一书中概括了气体的热原理;而该理论在1856年再次激发了人们的兴趣,当时克劳修斯和克勒尼希写下了著名的回忆录。在达尔文出版著述之前的那个夏天,麦克斯韦在英国协会(British Association)宣读了他对于该课题的首次也是最重要的研究。结果产生了这样一种观点:偶然事件可能产生物理法则,并且进一步来讲,正是以这种方式解释了那些看似与能量守恒定律冲突的法则。这在思想先驱的头脑中占据了牢固的地位。这些头脑必然会欢迎《物种起源》,因为该书的学说只是运用同样的原则来解释另一种"非守恒"行动,解释生物的演化。赫姆霍兹于1847年发现了伟大的能量守恒定律,而1850年,克劳修斯和兰金独立发现了热力学理论,这些都决定性地令那些原本可能嘲讽物理科学的人们心生敬畏。因此,如果迟来的诗人仍然旧调重弹地说"科学无非忙于给事物命名",那也只是徒劳。机械论现在已经为大众所周知,或者说几乎人人知道它。与此同时,功利主义——"福音"的改良替代品——已经羽翼丰满,并且成为个人主义理论的天然同盟。迪恩·曼塞尔的不明智辩护已经导致威廉·哈密顿爵士的支持者们改变初衷,而密尔的唯名论也大大获益。虽然达尔文把人们引向的真正科学总有一天会给密尔的伪科学带来致命一击,但是达尔文主义的某些元素肯定会吸引密尔的追随者们。另外要提一点:麻醉学已经投入应用13年。人们对于痛苦的熟悉程度已经明显降低。因此,我们的年代与之前的年代产生了不愉快的鲜明对比,从而使人们倾向于喜欢比较无情的理论。读者如果以为我意在暗示上述任何内容(也许除了马尔萨斯之外)影响了达尔文,那就是大大误解了我的话题转换。我的意思是,达尔文的假说虽然毫无疑问极具独创性、构思精巧、论证渊博、逻辑严密、文辞优美,最重要的是,还具有某种几乎令人难以抗拒的真正魅力,但是似乎假说自从一开始就根本没有被证明;并且,对头脑清醒的人来说,这种情况比起20年前似乎更没有希望。但是,达

如何形成清晰的观点

尔文学说所受到的极大支持和接受显然是有理由的,这在很大程度上得益于这个时代倾向于支持他的观点,尤其是因为他给贪婪理念带来的鼓励作用。

与依赖偶然的演化相反,一些理论将所有进程归因为内在必然原则或其他形式的必然性。许多博物学家认为,如果一枚蛋必然经历一系列必不会偏离顺序的胚胎转变过程,并且在地质时代也有同样的相继情形发生,那么就可以得出一种强有力的假设,认为后一种生态演替是必然如此的,与蛋的胚胎的转化具有同等的必然性。于是,内格里等人认为,根据第一力学定律和特殊但未知的原生质分子构成,生物的形式必然朝着复杂演进。克里克尔认为,一种形态在达到某种成熟后会产生另一种形态。威兹曼也是如此,虽然自称为达尔文主义者,却认为没有什么是因为偶然而发生的,他认为所有形态只是亲代遗传的机械结果[1]。非常值得注意的是,这些不同的学说都寻求向自己的学说中引入机械必然性,但其实他们观察的事实并没有指向这一点。这些地质学家们虽然认为物种变化是由于气候骤变或是空气和水的化学构成的改变,但同时也把机械论作为演化的主要因素。

突变导致演化和机械必然性导致演化是彼此对抗的两大观

---

[1] 我很高兴地发现,卡鲁斯博士也把威兹曼列为达尔文主义的反对者,虽然威兹曼本人是达尔文主义的一名旗手。

点。第三种演化观点超越了前两种观点的争端,也就是拉马克的理论。根据他的观点,最高级和最初级的有机体的区别在于个体生命早期在发育程度上的微弱差异。这种获得性遗传是习惯养成的一般本质,并且这是心智的法则在物理学领域的代表和衍生。它的作用在本质上不同于物理中力的作用,并且承认其存在就意味着抵触威兹曼等必然论者。拉马克主义者们进一步认为,虽然如此传递的某些形态变化最初是由于机械原因而产生的,但是从根本上讲,导致它们产生的主要因素是竭尽努力和锻炼引起的发育以及相反的退化。现在,既然生物的努力是意向性的,所以在本质上是心理的,虽然有时是无意识的;而由锻炼引起的发育,正如我在上一篇文章中提出的,遵循的法则与机械法则截然相反。

所以说,拉马克主义演化学说是习惯作用下的演化——我写下这句话的时候,正好有个邻居来问我问题,这些人在社会里的功能似乎就是打扰别人。当然了,这句话没有道理。习惯只是一种惯性,是把桨搁在船边,而不是奋力划桨。在拉马克主义演化论中的典型例子里,新形态首先是通过能量的"迸发"(幸亏有这个词,不然我这个生手可能又不得不造一个词了)才被创造出来。但是,习惯强迫它们采取切合实际的形态,符合其所影响的结构,并且以遗传学形态和其他形态逐渐替代曾经维持它们的自发能量。因此,习惯起到了双重作用。一方面它促进新性状的形成,另一方面使这些新性状能够融入动植物所属的一般形态和功能。但是,如果读者现在不嫌麻烦,把书往回翻一两页的话,会发现拉马克主义演化论的这种陈述碰巧符合我对于爱的行动的一般描述。对此我认为他是同意的。

别忘了,一切物质实际上都是意识,而意识是连续的。让我们考虑一下,拉马克主义演化论呈现的哪个方面属于意识领域。直接努力几乎无法达到任何效果。简单来讲,这就像试图用思想给雕像增加高度,就像在产生任何能让缪斯接受的想法之前竭力争取,等待它的到来。我们徒劳地寻找记忆女神谟涅摩叙涅的神井和宝座;更深度的精神工作方式以自己的缓慢方式进行,即使我们没有默许。任由他们吹响号角吧!那么我们可以尽自己的努力,作为神性的祭坛上最恰当的祭品。除了内在的进程之外还有环境的运作,打破那些注定会打破的习惯,促使头脑更活跃。每个人都知道,习惯、惯例的长期延续使我们变得缺少生气,而连续的惊喜会给思想带来卓越的启示。只要有运动,只要有历史被创造,就有高密度的精神活动。据说各门艺术和科学住在雅努斯神庙中,当神庙打开时它们会醒来,当神庙关闭时它们则会沉睡。少数心理学家已经认识到这是一个根本性的事实。心智各部分之间建立起的丰富联结几乎如机械关系一样必然,就像是铁轨严丝合缝地接上一样。但是,也有一部分头脑几乎是孤立的,一

第二部分 爱与偶然

个精神的半岛,或者说死胡同,像是铁轨的终点。这种情况下的精神联结方式是习惯。在习惯丰富的情况下,不需要也不存在原创性;但是习惯不起作用时,自发性就被释放出来。因此,拉马克主义心智演化理论的第一步是把各式各样的想法投入能够自由发挥的情境。至于锻炼产生发展,我已经在刊登于去年 10 月的《一元论者》上的《人类的玻璃本质》(*Man's Glassy Essence*)一文中探讨过,除非有第二种同样确切的假说能被提出来,否则这种方法就应当被接受。文中说,它由分散游移的分子组成,并且新物质会做部分修补,因此形成某种繁殖。只有在锻炼过程中才会发生这种情况,因为原生质的活动必须在分子扰动条件下发生。头脑锻炼也会引起发育。这就是所谓的学习。但是,最好的例子是将哲学观念应用于实践,然后取得进展。起初,概念设想似乎是单一的,后来分裂为多种特殊的思想,并且这每一种新思想都必须转变成可实践的观念。但是,这种新思想很紧密地遵循母体孕育模式,因此发生同质发展。这种过程与分子发生过程之间有很明显的相似关系。只要有耐心,我们就能发现,所有这些元素存在于学习过程的相互作用中。

因此,我们面前有三种演化模式:偶然变异产生的演化、机械必然性产生的演化以及创造之爱产生的演化。我们可分别称之为"偶成演化"(tychastic evolution, tychasm)、"必然演化"（anancastic evolution，anancasm）、"神爱演化"（agapastic evolution，agapasm）。只认为上述演化模式之一成立的学说可称为"强偶成论"（tychasticism）、"强必然论"（anancasticism）、"强神爱论"（agapasticism）。不否认其他模式成立，而认为它们在宇宙中各有其作用的学说可称之为"弱偶成论"（tychism）、"弱必然论"（anancasm）、"弱神爱论"（agapism）。

所有三种演化模式由相同的一般元素组成。这在神爱演化上表现得最清楚。在这里，好的结果有两个来源，一个是母体的自发能量传递给后代，另一个是后代把握关于自身的总体观念，从而促进总体目标的倾向。为了表达必然演化、偶成演化与神爱演化之间的关系，我要借用一个几何学术语。如果一条直线穿过一个椭圆，就会形成某种立方次曲线，因为立方次曲线就是与一条直线有两个交点的曲线。现在，再加入一条曲线，与椭圆有两个交点，与上一条直线有一个交点。此时，这个椭圆可能就不再是立方次曲线了。比方说，它不存在反曲异向，并且有了两个端点。几何学家将之称为退化立方。就像这样，必然演化和偶成演化都是神爱演化的退化形式。

那些试图调和达尔文主义与基督教的人会说，偶成演化与神爱演化一样依赖创生，所保留的形态乃是明智地应用了其传递的自发性，从而能够与其原本的形态和谐存在，进而与基督教体系相符。没错！这只是说明了就像爱不能有对立面，而只能拥抱与之相反的事物一样，偶成演化只是神爱演化的一种退化形式。只不过在偶成演化的过程中，进步完全取决于顺手牵羊的仆人与偷吃被抓的仆人之间的分布，就像赌桌上的赌徒之所以钱多了，完全是因为有些人赔光后退出了一样。它让对绵羊好的恰好对山羊坏，反之亦然。从另一方面来讲，在真正的神爱演化中，进步的发生来自对心智连续性所产生的创造迸发现象的积极同感。这正是强偶成论无法解释的地方。

强必然论者可能会提出反对，声称在这一点上，自己的理论与神爱演化相符，而与偶成演化相悖。根据这种理论，发展是遵循着特定阶段的，有着必然的起落和方向，同时在整体上倾向于形成注定的完善。这种宿命恰好反映了内在向善的倾向。我不得不承认，从广义上来看，必然演化是可以接纳为神爱演化的一种的。有些形式的必然演化很容易被误认为真正的神爱演化。黑格尔派哲学家就是这种强必然论的代表。这套体系有启示宗教，有连续性原则（虽然前面已经说过，它在这一点上是不完善的），也有"反思"，在整体上是卓越的，几乎可以说是崇高的。但是，毕竟在其研究方法中遗漏了生命的自由。历史整体的行进就仿佛推力驱使下的引擎，具有盲目而神秘的命运，最终达到崇高的目标。我的意思是，如果它可以实现的话，那是很好的；但事实上，它只是名不副实的"永动机"。即便它能像自身所宣传的那样运作，我们依然只能接受该哲学。但是，我也从没见过如此长的论证链条——我能否说每个论证环节都有缺陷——不，每个环节都是一把沙子，最后这些沙子被堆成了一个梦幻。或者说，这是现实中不存在的哲学模型。如果我们应用其中包含的珍贵之处，也就是概念，引入偶成演化，那么其每个步骤都隐含了任意性，并使之支持最关键的自由，也就是爱之精神的呼吸。这样我们也许能够产生真正的强必然论，而这正是黑格尔的目标所在。

区分方法

根据事物的本质，三种演化模式之间的界线不是十分清晰。这并不妨碍演化的真实性，或许这正表明演化是真实的。按照事物的规律，三基色（红、绿、蓝）之间没有明显的界线。尽管如此，它们确实有所不同。现在最主要的问题是三个完全不同的演化元素是否确实起着作用？第二个问题是这些元素各自最突出的特征是什么？

我打算用简短的篇幅简单地讨论一下这些问题与人类思想的历史发展之间的联系。为方便读者起见，我首先尽可能简短地定义思想发展的三种可能模式，同时区分两种必然演化的模式和

第二部分　爱与偶然

三种神爱演化的模式。思想的偶成发展在于习惯性想法在不同方向发生了轻微偏离，这些新的偏离无足轻重、毫无目的，既不受外部条件的约束，也不受逻辑力量的限制，会带来意料之外的结果，往往使其中一些而非其他的偏离想法固定成习惯。必然演化由新想法组成，采纳这些新想法时并不考虑它们的未来发展趋势，但它们却需要具备一种特性。确定这一特性的原因要么是心智外部的，例如变化了的生活环境；要么是心智内部的，是已被接受的想法的逻辑展开，例如推衍。神爱演化既不像偶成演化中那样全然不假思索，也不像必然演化那样借由环境或逻辑的力量盲目发展，而是凭借思想本身的吸引力而接受某些心理倾向。在头脑接受该思想之前，它的性质已经由通感的力量预示了，这根源于心智的连续性。这种心理倾向或许有三种类型。第一种类型可能以其共性影响整个人或整个群体，并由此传达给予该群体有强烈通感的人，尽管他们在知识层面可能无法通过个人理解来实现这一想法，或者甚至可能无法有意识地理解它。第二种类型可能直接影响到某个人，然而即使如此，这个人也只是凭借对身边人的支持，在思想的惊人经历或显著发展的影响下能够理解这个想法，或是欣赏它的独到之处。使徒保罗的转变就是一个例证。第三种类型通过作用于某人的思想偏好，即使此人尚未理解，也能够造成对他情感偏向的影响。这就是所谓"天才预见"的现象，因为这就是常人思维与上帝之间应有的连续性。

我们接下来讨论如何在自然界的事物中区分这几种演化类型。事物的规律没有绝对的标准，因为从事物的本质来说，不同类别之间没有明确的界线。然而，我们可能找到定量表征，通过这种定量表征，明智而适当地评判人性，或许能够估算出不同类别的影响混合在一起的近似比例。

如果人类思想的历史演变是随机的，它就应该通过无意识或细微的步骤演变，因为这就是由偶然形成规律现象的性质。例如，假设1880年美国本土出生的白人成年男性中，身高低于5英尺4英寸的人占1/4，身高高于5英尺8英寸的人也占1/4。那么通过概率原则，在整个人口中，我们应该得出：

216人低于4英尺6英寸　　　216人高于6英尺6英寸

48人低于4英尺5英寸　　　48人高于6英尺7英寸

9人低于4英尺4英寸　　　9人高于6英尺8英寸

不足2人低于4英尺3英寸　　不足2人高于6英尺9英寸

我列出这些数字是为了表示，几乎没有任何大大超出一般规律的事例是偶然发生的。虽然身高为5英尺4英寸和5英尺8英寸之间这4英寸内的人只占一半，但如果把区间的上下界分别扩大 4 英寸，那么几乎所有出生在美国的 800 多万白人男性（1880 年）就几乎都可以被包含进去了，除了仅仅 9 个身材高于上界的人和 9 个身材低于下界的人。

如果没有通过这种基于细微变化的检验，那么偶成演化就会被绝对地否定；如果通过了，那么必然演化就会被否定，而神爱演化并不会。我们想要一种只满足于偶成演化的正面检验。无论在何处，我们发现人的思想与激励他们开始思考的决心难以察觉地突然对立起来，尽管他们的欲望达到了顶峰，在那一点上，我们也可以肯定地说偶成行为发生了。

思想史学者们学识渊博，让我这种水平有限的学者心中充满了羡慕，羡慕又因欢快的敬佩而变得愉快。他们坚持认为，想法刚一出现时是怪异的，并且可能仅仅是异想天开，原因是这些想法还没有经过批判性的审视。不论何时何地，发展都是渐进的，因而难以清楚地辨认出最初是什么人做了什么。随之而来的是，偶成发展成为知识前进的唯一方法。我必须承认，我不能如此解读历史。我不禁想到，偶成演化有时确实在发挥作用，但有的时候，由不同的人独立完成、建立在同样基础上的巨大进步也被误认为一个个微小前进的序列。这些学者不愿意承认一个时代或一个民族的真实的、本质的"精神"。在曲解的且没有仔细审视的印象下，他们可能因此形成野蛮的、违背人性的假设。相反，我觉得这可能与个人思维教育的方向是一致的，思想的历史发展很少是偶成的，充斥着落后而野蛮的运动。我希望自己的发言尽可能谦虚，符合自己逻辑学者的身份。逻辑学是人类思想的一个至为广阔的领域，而研究它的人只能从宏观上做一纵览，只有凭着最精熟的技能才能带来些微价值。但是，我毕竟只能表达自己的意见，而非转述他人的观点。以我个人拙见，偶成论最大的势力就是基督教的历史，从君士坦丁将基督教立为国教，再到爱尔兰建起修道院的时代，这之间过了大约500年。几乎可以肯定，最初使人们接受基督教的美与善的，是外部环境而非其他因素。当时的外部环境极其恶劣，社会被无情的贪婪与铁石心肠的人弄得土崩瓦解，罗马人让世界陷入了可怕的堕落。然而，也是那个同样的事实，而非其他外部环境，助长了人们对邪恶世界的怨恨。在朴素的《马可福音》中丝毫看不到对外物的诅咒。最起码，我在其中关于亵渎圣灵的言论中都没有发现这一点，丝毫没有谈到复仇。甚至在《以赛亚书》的结尾都没有。要知道，《以赛亚书》的最后一节可是"他们必出去观看那些违背我人的尸首，因为他们的虫是不死的，他们的火焰是不灭的"。但是，那种怨恨一点一点地增加，直到《新约》的最后一篇，在作者笔下，基督总是在说自己要来拯救世界，神秘的计划要毁灭一切人类（除了微不足道的14000人），把他们投入硫黄里，令他们受痛苦的烟往上冒，直到永永远远，然后转过身来说，"以后再没有咒诅"。说这种话时的笑容是麻木的假笑还是恶魔般的笑容呢？我希望自己能够相信约翰并没有描写这个笑容。但就是他的"福音"讲述了"使死者复活来继续受苦"——也就是说，让他们醒过来，好继续受折磨——但是，无论如何，《启示录》都是一部非常古老的作品。人们能够明白，早期的基督徒就像人们用尽全力试图攀爬一个陡峭倾斜的湿滑土坡。他们生活中最深刻、最真实、使得心灵和头脑有了生气的元素是博爱。但是，在违反自己意志的情况下，他们一点点、一步步滑向偏狭，人们对此是再熟悉不过的了。这种偏狭不知不觉地增长，直到大约公元330年，圣马可纯洁正直的光辉精神被大大地玷污，以至于优西比乌（相当于今天的贾里德·斯帕克斯）在《教会史》的序言中宣布自己的意图是夸大每一件可以为教会带来荣耀的事，并且压制任何可能玷污教会的事情。拉克坦提乌斯与优西比乌大约同时代，是拉丁语区的人物，他做得更加过分。于是黑暗越发黑暗，直到那个世纪末之前，伟大的亚历山大图书馆被西奥菲勒斯摧毁[1]；直到两个世纪后，大格里高利烧毁了伟大的罗马图书馆，宣称"无知是虔诚之母"，（这正如压迫和不公正是灵性之母的道理一样）；直到今天，对教会

---

[1] 参见《德雷珀的知识发展史》（*Draper's History of Intellectual Development*）第10章。

状况的清醒描述仍被一些不太友好的报纸评论为"不宜发表"。运用上述测试显示，这场运动完全是偶成的。另一个规模小一些但迅猛程度远胜于此的类似事件是法国大革命，研究它的文献能装满一整个图书馆。

必然演化是连续的，当然中间可能会有停顿。原因在于，在这个过程中，被推翻的思想习惯由紧接着最强有力的思想习惯取代，而后者肯定与前者在很多方面都迥然不同，有时更是截然相悖。它让人想起我们从前的规则——排名第二的总统候选人自动担任副总统。这个特征因而将必然演化与偶成演化明确地区分开来。必然演化与神爱演化的区别在于，它是没有目的的。但是，外部与内部的必然演化必须分开审视。在外部环境压力下取得的发展或剧变的演化，在大多数情况下都是无可置疑的。它在强度上有无数个等级，从暴力和战争——战争不止一次改变了世界的思想潮流——到确凿的事实，或者被众多人误认为确凿的事实。在这样的历史面前，唯一能够存在的犹豫就是对数量的不确定。外在因素从来都不是唯一影响思想的因素，因此要想看一个运动是不是主要由外力影响，是否值得为它设定法则，这是一个具体判断的问题。在中世纪思想的兴起过程中，我是指经院哲学和伴随发展起来的艺术，十字军东征以及亚里士多德著作的被发现无疑有强大的影响。从罗塞林到大阿尔伯特，教育随着对亚

第二部分 爱与偶然

里士多德的不断认识而发展。伯兰特认为这就是事情的全部，并且很少有人比卡尔·伯兰特读过的书更多。尽管他草率地做出判断，但他已经做了具体扎实的工作。然而，在一群经过定期组织并遵守相应规则的学者去系统地探索并消化事件的全貌之前，我们甚至不能很好地理解教育。但是，至于我们现在特殊考虑的那个时期，那个罗马式建筑兴起的时代，文学是容易被掌握的。当时的作者盲目地信奉权威，而这是与伯兰特的说法不相吻合的。此外，他们在一切研究活动中都贯穿着一个先定的明确目的。因此，我不能把这个时期的教育作为一个纯粹的思想必然演化的例子，必然演化似乎相当于思想元素中的氟气。最近，日本人接受了西方思想或许是它在历史上最纯粹的例子。然而，它其中也混杂了其他的元素。如果将研究外部事实影响之下的思想发展视为外部必然演化，它就处于外部和内部形式之间的边界上——当然，这是现代学术中的最主要元素。但是，韦威尔对于科学评论史的见解太过无知，让人无法领会，这就清楚地表明，即使在那个方面，它也还远不能产生压倒性的重要影响。

内在的必然演化，或者叫逻辑展开，按预定的路线前进，既无法预见其被送往何处，也无法操纵其进程，这是哲学发展的规则。黑格尔最先让世界了解了这一点。他企图使逻辑不仅成为主观引导和思维模范（这曾是他之前一直以来的抱负），还要成为思想的主要源泉，并且不仅仅是个人思想的源泉，而是集体探讨的源泉，是思想发展历史的源泉，是一切历史的源泉，是一切发展的源泉。这包含一个显而易见的正面错误，让所讨论的逻辑成为一切可能的逻辑，一个必要推论的逻辑或可能推论的逻辑（也许可能形成适合任一逻辑的理论）。无论如何，它假定逻辑本身足以确定从给定的前提条件中会得出什么结论。因为，除非黑格尔式的逻辑会这么做，否则它不足以解释单个的推理为什么应该恰好选择它所选择的进程，更不要说其他发展了。它由此假设，由给定的前提条件，逻辑上只能得出一个结论，并且没有任何余地可供自由选择。由给定的前提，逻辑上只能得出一个结论，那就是逻辑学家将注意力局限于思想的孤岛，与相关项无关。而在相关项的逻辑中，它并不适用。

我突然想到一句话，如果历史的演变有相当一部分内部必然演化的性质，那岂不与个人发育相似？对于个人来说，33年是一个自然的时间单元，虽然它只是一个粗略值。这是一个人能否贡献力量的平均时长。那么，一场伟大的历史运动被另一场运动所取代，也应该有一个周期。让我们看看能不能做得到。我们以罗马政权的发展为例，这是一个足够长的过程。大事年表如下所示。

公元前753年，罗马建城。

公元前 510 年，驱逐塔奎尼乌斯。

公元前 27 年，屋大维称奥古斯都。

公元 476 年，西罗马帝国覆灭。

公元 962 年，神圣罗马帝国建立。

公元 1453 年，君士坦丁堡陷落。

最后一个事件是世界历史上较具有特殊意义的事件之一，尤其是对于意大利历史来说。它们的间隔时间为 243 年、483 年、503 年、486 年和 491 年。除了第一个数字是其他数字的一半之外，所有数字都惊人地几乎相等。连续几位国王的在位时间一般可就没有这么大的规律性了。再来看看思想史。

公元前 585 年，泰勒斯观测日食。希腊哲学发端。

公元 30 年，耶稣受难。

公元 529 年，雅典学园关闭。希腊哲学终结。

公元 1125 年，（大约）博洛尼亚大学和巴黎大学兴起。

公元 1543 年，哥白尼的《天体运行论》出版。现代科学发端。

它们的间隔时间为 615 年、499 年、596 年和 418 年。接下来是形而上学。

公元前 322 年，亚里士多德去世。

公元 1274 年，阿奎那去世。

公元 1804 年，康德去世。

它们的间隔时间为 1596 年和 530 年。前者的间隔大约是后者的 3 倍。

从这些数字可以看出，我们不能彻底地得出任何结论。同时，这些数字似乎暗示，存在一个大约 500 年的自然周期。如果存在独立证据的话，那么我们注意到的这些间隔可能会获得重大意义。

如果存在神爱性质的思想演化，其特点就应该是目的性，这里的目的就是思想的发展。凭借思想的连续性，我们对神爱思想演化应该有直接的敏锐或同情的理解和认可。我在此认为神爱思想演化是理所当然的，我在去年 7 月发表于《一元论者》的"心智之规律"中已经提出论据来证明这种思想的连续性。即使这些论据本身并不令人信服，但如果它们能够因为思想史上明显的神爱演化而夯实，那么双方就会相互印证。我相信读者有着扎实的逻辑知识根基，不会把这种相互支持的关系误认为是循环论证。如果有直接的证据表明"时代精神"或"民族精神"这样的实体是独立存在的，并且不能仅凭个人的智慧来解释这一现象，那么它就能够同时证明强神爱论和连续性原则。我必须承认还无法提出有力的证明。但我相信能够提出这样的论据，来确认那些从其他事实中得出的结论。我相信，所有伟大的思想成就都超出了独立个人的能力。我还发现，除了从连续性原则和许多伟大思想运动的目的性获得的支持以外，这些思想是那么崇高，并且同时独立地发生在许多天赋寻常的个人身上，这也给了我相信神爱论的理由。在我看来，在高耸的哥特式建筑的几座伟大的成就中都有这样的特性。哪怕是现代建筑师中最渊博、最有天分的人，他们对哥特式建筑的模仿都显得很平淡，就连设计者自己也这样认为。然而，在哥特式建筑风格存在的时代，能够建造这类雄伟而富有力量的建筑作品的人不计其数。在不止一种情况下，现存文献表明，大教堂在选择建筑师时，会将较高的艺术天赋视为次要考虑的因素，好像他们根本不缺有这种才华的人，结果证明他们的信心是正确的。那么，那些时代的人真的就总体上拥有这样崇高的本性和较高的智力吗？我们稍做考察即可改变这种看法。

如今的中年人见证过多少次独立且几乎同时完成的伟大发现啊！我记起的第一个例子是勒韦里耶和亚当斯对天王星外的一颗

如何形成清晰的观点

行星做出的预测。尽管我们有理由把能量守恒定律看作科学最伟大的发现，然而人们根本不知道是谁提出了它。1850年2月，在这同一个月里，兰金和克劳修斯都提出了热力学理论。如今一些声名显赫的人把这伟大的一步归功于汤姆森[1]。气体动力学理论是由约翰·伯努利提出的，之后虽然被遗忘了，但又迎来了复兴，它不仅被用于解释波义耳定律、查理定律和阿伏伽德罗定律，还至少分别被三位物理学家用来解释扩散与黏度。众所周知，自然选择学说是由华莱士和达尔文在英国协会的同一次会议上提出来的。达尔文的《历史大纲》后来成为《物种起源》的再版前言。在这篇文章中，他说有一个不知名的人在他与华莱士之前已经提出了这一学说。光谱分析方法是斯旺和基尔霍夫都提出来的，或许还有人更适合赢得这一殊荣。"元素周期表"的著作权在俄罗斯人、德国人与英国人之间引起了争议，尽管主要功劳属于俄罗斯人是毋庸置疑的。这些几乎就是我们这个时代所有最伟大的科学发现。技术发明的情况也是一样的。不足为奇的是，电报应该是由几位发明者独立发明的，因为它是很容易从之前取得成功的科学事实中衍生出来的。但电话和其他几种发明的情况就不是这样了。乙醚是第一种麻醉剂，由三名新英格兰医生独立提出。如

---

[1] 汤姆森本人在为《大英百科全书》(*Encyclopedia Britannica*) 中撰写的"热量"词条中压根没有提到克劳修斯的名字。

今，乙醚已经风行一个世纪之久了。三个世纪之前的一本药典中就记载了乙醚。要是人们当时还不了解它的麻醉能力，那也是太不可思议了；而实际上，当时人们就知道了。从巴兹尔·巴斯瓦伦丁的时代开始，它可能就是一个口耳相传的秘密了。但是长久以来，它只被当成荒唐人的秘密。多年来，新英格兰的男孩们用它寻开心。为什么当时乙醚没有被用在正道上？说不出理由。我们只能说，把它用在正道上的动机不够强大。这样做的动机只能是渴望获得利益，同时为公众谋福利。慈善事业推行之时大约在1846年，那时它无疑处于异常活跃的状态。而这个在19世纪推崇的"感伤主义"，或者叫"情感主义"，已经经历了趋于成熟的过程。因而，尽管它不似从前那么强烈，但比起已经受它影响的人而言，更可能影响那些尚未受到影响的人。使用乙醚的三方面动因可能都受到了欲望的影响，但是它们显然也都受到了神爱性质的影响。

我怀疑把伟大的发现完全归功于个人是否正确，我认为很多人都会持有这种疑问。然而，如果答案是否定的，那又如何解释思想的连续性和神爱论呢！我不想太费力气。如果思想家们只能被说服才能放弃偏见，然后专心致志地研究这一学说的论据，我将心满意足地等待这最后的决定。

附　录

皮尔士的实用主义

约翰·杜威

1898 年，詹姆斯教授在加利福尼亚联合大学发表讲话的开篇中提出"实用主义"（pragmatism）这一术语："实用主义原则，如我们认为的那样，可以以各种方式表达，每种方式都很简单。在 1878 年 1 月的《大众科学月刊》中，查尔斯·S. 皮尔士先生是这样说的……"但是，真正去查阅了这份杂志的读者却没有找到这个词。我们从其他来源得知，皮尔士先生率先提出了这个术语，并对其进行了发展。皮尔士告诉我们，他是在读康德的书时想到的这个词，并产生这个想法的。想法来自《纯粹理性批判》（Critique of Pure Reason），而术语来自《实践理性批判》（Critique of Pracital Reason）[1]。《一元论者》中的这篇文章很好地介绍了这个想法，以及选择这个词的理由，因此我要详细引述一番。皮尔士说，对于在实验

---

[1] 参见《鲍德温哲学辞典》第 322 页第二卷论"实用主义"的文章，以及《一元论者》第 15 卷第 162 页。

室工作的人来说，他们的思维习惯与其说是自己有意识形成的，倒不如说是通过实验工作塑造而成的。"无论你对他说什么，他（实验者）都只会有两种理解。如果按照你的建议进行了实验，那么就能得出某个确定的结果；否则，你的话就毫无意义。"他自己就有实验家的思维，并且对思维方法很感兴趣，"他构想的理论就是，一个概念，也就是一个词或其他表达方式的理性意图，完全在于对生活行为产生的影响。那么，既然不可能从实验中得出的结果对生活行为也不可能产生直接的影响，那么如果能够准确地阐明接受或否认一个概念能够带来的所有可以想到的实验现象，我们就得到了这个概念的完全的定义，除此之外没有任何内容。皮尔士为这个学说造了一个词，就是'实用主义'。"

皮尔士说过，他的一些朋友希望他把这个学说称为"实践主义"（practicism, practicalism）。他说，他当时已经学习了康德哲学，还说对于那些"仍然乐意用康德的观点思考的人而言，实践（praktisch）和实用（pragmatisch）像两极一样遥远，前者属于一个没有任何实验者能够确保坚实基础的思想领域，而后者表达了与某些人类意图的关系问题。现在，这个新理论最显著的特征确实就是——它要承认理性认知与人类意图之间不可分割的联系"[1]。

---

[1] 康德将先验的道德法则与同技艺相关的技能规则，以及同福利有关的审慎忠告做了区分。他称最后一个为"实用"，称先验道德法则为"实践"。参见《道德的形而上学》（*Metaphysics of Morals*），艾伯特的译本，第33页和第34页。

如何形成清晰的观点

从这个简短的阐述中,我们会注意到,皮尔士把这个术语的意义限定在确定术语或者命题的含义上来;这个理论本身并不是检验各种命题的理论,也无关各种命题的真假。因此,他最初的文章标题是"如何形成清晰的观点"。在他后来的著述中,这个术语被用作一种真理观,于是他另取了一个新词来指称早期较限定的理论,即"实效主义"(pragmaticism)[1]。但即使考虑到各种命题的意义,在他的实效主义与詹姆斯等的实用主义之间也有明显的差异。一些詹姆斯实用主义的批评者(特别是欧洲大陆的批评家)如果真的看一看他的言论,而非按照自己的联想对空放炮,那样就要少一些无益的批判了。因而,詹姆斯在他的加州演说中说:"任何哲学命题的有效意义,在我们未来的实际经验中,不论是积极的还是消极的,总是可以带来一些特殊的后果。其要点与其说取决于经验的积极性,不如说取决于经验的特殊性。"

现在奇怪的是,皮尔士更注重实践(或行为),而不是特殊;实际上,他把重点转移到了一般事物上。下面的段落值得引用,原因是它用明确性界定了未来和一般事物两者的意义。"每个命题的理性意义由未来决定。怎么会这样呢?一个命题的意义本身就是一个命题。事实上,它只不过是它所意味的命题所在:它是命题的转化。但是,在一个命题可能被转化的无数形式当中,哪一个才是所谓的

---

[1] 参见之前提及的《一元论者》刊载文章,另见《实效主义的问题》(The Issues of Pragmaticism)第 481 页同卷。

它特有的意义呢？据实用主义所说，命题是以那种形式适用于人类行为的，既不是在这样或那样的特殊情况中，也不是在某人考虑这种或那种特殊设计的时候，而是在每种情况下，针对每种意图，都最适用于自我克制的那种形式。"由此，"它必须只能是命题主张实际预测的所有实验现象的普遍描述。"换一种说法的话，实用主义是通过形成习惯来确定意义的，或是通过具有最大可能共性的行为方式，或是特殊性的最广泛应用。既然行为习惯或方式恰好与特殊性一样真实，它在"普遍"现实中便会忠实于一种信念。因此，它不是现象学，因为尽管现象的丰富性在于它们给人以感官享受的特性，但实用主义不打算为其定义（让它们在某种程度上不言而喻），而是"消除了它们的感性特殊，同时努力去界定理性意图，而且它是在词汇或被讨论的命题故意造成的影响中发现这个问题的"。此外，普遍事实不仅是现实的，也是真实有效的。"空气是闷热的"以及"闷热的空气不利于身体健康"的意思可以这样来确定——例如把窗户打开。因此，在道德方面，"实用主义并没有把至善包含在行动之中，而是把它包含在演化的过程中，由此存在的事物越来越能体现那些一般事物……换句话说，通过行为成为尽可能广泛普及的理性意义或习惯的化身"[1]。

所引用的段落应该与皮尔士在《鲍德温哲学辞典》文章中要说

---

[1] 在这里可以公平地考虑凭经验表现康德的道德行为普遍性的概念，而"理性意图"与"感性特殊"的区别和联系与康德也有明显的关联。

的话相比较。他说，詹姆斯的学说看似保证让人们相信"人类的目的是行动——一个坚忍的格言，现在作者已经60岁了，这或许是个好主意，不过放到他30岁的时候就未必了。相反，如果承认这一点，行动需要一个目的，而这个目的必须是一般描述的事物，那么该格言本身的精神……将会把我们引向与实际真相不同的事物，即一般思想……该格言所注重的事实能够推动的唯一至善是促进具体的合理性的发展……现在几乎所有人都同意，至善在某种程度上由演化过程决定。如果事实如此，它并非孤立的个别反应，而是在一些普遍或连续的事物中。连续性原则的基础是事物的合并、在变化中延续、受法则支配、在一般观念下形成本能，这些都只不过是同一个合理性扩增过程的各个阶段。这是逻辑学领域首次获得数学意义上的精确证明，因而在形而上学上也应推断为有效。它不反对实效主义……而是把它作为一个环节容纳进来。"

我们在这里又一次看到，实效主义作为一种主张意义或理性意图建立在习惯或推衍方法上的学说，是一种过渡到连续性原则这一形而上学的学说。现在正好再次提出皮尔士的早期学说。然而如皮尔士所说，即使在早期阶段，他也赞同一般存在的现实性。皮尔士在《信念的确定》(*Fixation of Belief*)一文中提到，怀疑和信念在现实中存在体验上的差异。信念会奠定习惯，而怀疑不会；信念令人平静而满足，而怀疑是我们努力脱离的不安和不满的状态，也就是说要达到信念的状态。他将这种努力称为"探问"。探问的唯一目标是确定信念。然而，除了科学的确定方法，还有一些别的方法：一个是"固执"——不断重申,详细描述对信念有益的一切,避开可能令其不安的一切——信念的意志。受人的社会本性影响,这种方法在实践中必将失败。我们必须考虑其他人相反的信念,所以真正的问题是确定公开的信念。否则我们自己的信念就会受到攻击和怀疑,很不稳定。接下来,还可以采用"权威法"。对于这种方法,由于权威不能确定所有信念的所有细节,并且传统秩序会随着内部的冲突而立时瓦解,我们就还可能去依靠一种"符合于理性"的观念,这在时尚风潮的变迁与哲学史中非常常见,但是依然无法保证社会达成永久的协议,让每个个别的信念独自经受抨击。于是最后只好信奉科学,其根本假设是这样的:"有现实的事物存在,其特性完全不依赖于我们对其的观点;它们的真实性会根据普遍定律影响我们的感知;并且,虽然具体感知会由于我们与事物的关系而有所不同,但是我们利用感知规律能够理性地确定事物的真实情况。"

我们会注意到,该段引言使用了术语"真实"(truth)和"现实"(reality),它们都是科学程序中接受的假设陈述的组成部分。在这一基础上,术语"真实"和"现实"分别是什么意思呢?由于它们是一般词汇,所以必须看其所起的作用才能确定其含义,要具有实际影响,而这正是实用主义的观念。现实事物的作用就是带来信念,信念就是给予"现实"一个"理性意图"的结果。根据科学方法假设,现实事物的特性就是它易于产生一个单一且被普遍接受的信念。"科学的追随者都相信,只要研究足够深刻,每个问题都会得到唯一的解答,从而加以应用。""这种思维活动会带我们走向一个确定的

如何形成清晰的观点

结论，就好像命运驱使一般……这个伟大的法则存在于真理与真实的概念中。我们所说的真理，实际就是指那些注定让所有研究者都达成绝对共识的观点，该观点代表的对象就是真实的。这就是我对于真实的解释。"[1] 在其后的论文（《归纳的概率》）中，皮尔士由这一阐述清楚地得出了结论，就是这个现实和真实的观念使得一切事物都由研究方法的特性和得出结论的推理来决定。"在综合推理中，我们仅知道整个程序的可信赖程度。因为所有的知识都来自综合推理，我们必须同样推论出：人力所能达到的确定性的基础只在于一点，即我们用来得出知识的过程一般可以得出真实的结论。"[2] 真实的结论就是合格的调查能够达成共识的结论。

总而言之，我们可以说，皮尔士的实效主义是关于对象的意义、概念或理性意图的学说，也就是说在于"实际结果，对现实世界有什么影响。这些影响就是概念的全部"[3]。"无论是就何事产生的观念，都是根据其可感知的影响而来的"，如果我们不能确定自己是否真的相信这些影响合理与否，就只能问自己是否应该在它们面前有任何不同的表现。简而言之，我们自身对感觉刺激的反应是我们看待事物的终极，或可检验的要素。因此，与其说詹姆斯是实用主义者，不如说皮尔士是实用主义者。

他也不是唯名论者。也就是说，他较少强调个别的可感知结果，

---

1 参见本书正文第 53 页。
2 参见本书正文第 97 页。
3 参见本书正文第 42 页。

更多强调对一件事物的经验就能建立的习惯和一般的反应态度。在《鲍德温辞典》的引文中已经引用到，就像他晚年时期不太重视行动一样，与其早年作品中的观点相比，他更多的是关注具体的合理性。这里可能只是强调的重点发生了改变，但充其量是这样。因为在他后来的学说中，具体理性的意思是通过行动改变了目前的状况，并且是通过概念具体化的行动，其本身的具体存在是由习惯反应态度决定的。如同一般事物重视清晰明确一样，他早期的作品更重视习惯。"一种事物的意义只要看它的习惯就可以了解。"[1] 更精确地说，"归纳推断出规则。规则观念是一种习惯。很明显，习惯又是活跃在我们身上的一种规则。每一种观念都是出于一种习惯性。在本文集的前几篇文章中也谈过这一点"[2]。

接下来让我们印象深刻的是皮尔士与詹姆斯之间的区别，前者更加重视程序方法。正如已引用的文字显示，对于皮尔士而言，所有事情最终都会取决于研究程序的可靠性。由此皮尔士与詹姆斯相比，其对逻辑做出了较高的估计——至少与詹姆斯晚年时对逻辑所做的估计相比是这样的。因此，皮尔士也明确表示，他对使用他称为"固执法"的"信念的意志"没有兴趣。与此密切相关的是，与詹姆斯相比，皮尔士对社会因素有更明确的依赖性。皮尔士的呼吁基本上是为了使已经调查的人达成共识，使用的方法也是所有人都

1　参见本书正文第41页。
2　参见本书正文第142页。

能够采用的方法。事实上，正是由于对社会共识的需要，而"固执法"做不到这一点，所以它将会从外部瓦解，这最终会迫使人类越来越广泛地利用科学方法。

最后，皮尔士和詹姆斯两人都是现实主义者。两人的推论都取决于真正有影响或有后果的真实事物。其中，皮尔士更清晰地说明，我们至少正在处理哲学中的现实概念，将现实理解为具有理性意图的事物，因此使用了本身意义要由结果决定的术语。在这里，"现实"的意思是经过长期的、合作性的探问，信念已经稳定下来的对象，而这些信念的"真实性"就是这个状态的逻辑结果。因而，"我们可以把'真实'定义为其特征与任何人的观念无关的事物。然而，不管我们得出的定义多么令人满意，我们绝不应该以为，它就已经让'真实'的观念完全清晰了"[1]。因为只有持续、共同调查的结果，使我们能够用具体事物中容易理解的意义来表达"与任何人对他们的看法无关的特性"（这是摆脱自我中心这种困境的务实方式）。虽然我的目的完全是介绍他的观点，但最后我还是要问一个问题：皮尔士对当代的思想讨论是否会发挥极其有益的影响呢？我们的很大一部分认识论难题不就是起源于我们尝试把"真实"定义为在反思性探究之前就给定的事物，而不是反思性探究要努力达到、让信念可以稳定依附的事物吗？

1　参见本书正文第50页。